제주
4·3을
묻는 너
에게

제주4·3을 묻는 너에게

초판 1쇄 발행 2014년 4월 3일
초판10쇄 발행 2024년 4월 10일

지은이   허영선
펴낸이   이영선
책임편집 김문정

편집   이일규 김선정 김문정 김종훈 이민재 이현정
디자인   김회량 위수연
독자본부 김일신 손미경 정혜영 김연수 김민수 박정래 김인환

펴낸곳 서해문집 | 출판등록 1989년 3월 16일(제406-2005-000047호)
주소 경기도 파주시 광인사길 217(파주출판도시)
전화 (031)955-7470 | 팩스 (031)955-7469
홈페이지 www.booksea.co.kr | 이메일 shmj21@hanmail.net

이 도서의 국립중앙도서관 출판예정도서목록(CIP)은 서지정보유통지원시스템 홈페이지(http://
seoji.nl.go.kr)와 국가자료공동목록시스템(http://www.nl.go.kr/kolisnet)에서 이용하실 수
있습니다.(CIP제어번호: CIP2014008382)

제주
4·3을
묻는 너
에게

허영선 지음

서해문집

아직도 4·3을 모른다 하십니까

지금 섬의 가슴은 온통 붉은 동백입니다.

눈폭풍을 뚫고 나온 통곡 없는 통꽃, 통붉음이라

그해 겨울에서 봄까지 눈물 한 점, 곡소리 한 톨마저

죄었던 섬사람들의 운명을 대신합니다.

기억하라, 반드시 기억하라는 이 기억의 통꽃,

더 이상 피어날 수 없었던 어린 눈동자를 대신해

살아있는 눈동자들이 봅니다.

인간의 눈으로 보아선 안 될 장면을 보았던 산 자들이

속눈물을 삼키며 또 한 번의 겨울을 보내고 봄을 봅니다.

대한민국 국민이었으나 국민이 아니었던 그 시절,

수없는 꽃목숨들이 참혹하게 떠났습니다.

잊어라, 지워라, 속솜허라(조용히 해라)

강요당한 망각의 역사가

마침내 왜곡의 무덤을 뚫고 나와 파도처럼 솟구칩니다.

4·3은 그토록 찾고자 했던 제주도의 70년 진실입니다.

이 땅의 분단을 원치 않던 마지막 목소리입니다.

이제 70년, 4·3은 정의로운 해결을 위해 나가야 할,

우리의 엄정한 역사입니다.

그러니, 아직도 4·3을 모른다 하십니까.

생기 있고 생동감 넘쳐흐르는 4·3 이야기

서 중 석 | 역사학자, 성균관대학교 명예교수

2005년 해방(광복) 60주년을 맞았을 때 우리는 뿌듯한 마음으로 현대사를 돌아볼 수 있었다. 세계에서 가장 길다는, 30여 년에 걸친 민주화 운동으로 어느 면에서는 일본보다도 활기찬 민주주의 사회를 갖게 되었고, 피땀 어린 노력과 국내외의 호조건으로 여러 지역을 둘러보아도 손색없는 경제를 이루어냈던 것이다.

그렇지만 우리는 반성하고 참회해야 할 과거사가 많은 것도 사실이다. 오랫동안 반공 독재에서 짓눌린 것만이 아니었다. 2005년 그해 노무현정부에 의해 '진실화해를 위한 과거사정리위원회'가 출범했다. 그러나 정부 수립 전후, 전쟁 발발 직후에 너무나 많은 주민 집단 학살이 자행된 것은 한국사 전체를 통틀어 가장 참혹한 비극이었다.

제주4·3항쟁이 발발했을 때부터 제주도는 한반도의 축소판으로 불렸다. 당시 제주도가 분단을 코앞에 두고 끓어오른 용광로였다는 점에서도 그렇고, 우익이 무엇인지 좌익이 어떻게 생긴 것인지 알 수 없었던 서민들이 토벌대에 쫓기고 무장대도 두려워했던 상황 역시 한반도의 축소판이었다. 제주도에서 군경에 의해 대규모 집단 학살이 일어난 것도 전쟁 직후 일어날 주민 집단 학살의 전주곡이었다. 다만 이러한 일들이 제주도에서 더 강렬하고 참혹하게 일어났을 뿐이다. 군경에 의한 학살의 경우 남한 각지에서 발생한 국민보도연맹원 집단 학살이 규모가 더 컸지만, 제주도의 집단 학살은 한 지역에서 일어난 학살로는 가장 규모가 컸다. 한 지역에서 일어난 사건으로 제주도 주민 집단 학살은 삼국시대에서 고려, 조선 일제강점기까지 살펴보아도 유례를 찾기 어려운 우리 역사 최대의 '홀로코스트'였다.

이처럼 잠들 수 없었던 분노와 슬픔의 남도에 평화를 가꾸는 작업이 6월항쟁 직후부터 시작되었다. 드디어 새천년을 맞이하는 해이자 21세기의 시작인 2000년 벽두에 '제주4·3특별법'이 공포되었고, 2003년에는 《제주4·3사건 진상 보고서》가 채택되었다. 그러자 노무현 대통령은 사과 성명을 발표했고, 이어 제주도를 '평화의 섬'으로 선포했다. 대통령의 사과는 해방 후 발생한 주민 집단 학살에 대해 국가 원수가 최초로 했다는 점에서 역사적 의의가 크다고 아니할 수 없다. 더욱이 금년에 제주4·3 66주년을 맞으면서 4·3은 국가 기념일로 지정됐다.

20세기, 우리나라 바깥에서도 여러 지역에서 집단 학살의 광풍이 몰아쳤다. 20세기가 끝나가면서 이러한 학살에 대해 참회하고 기억해야 한다는 운동이 전 세계적으로 광범위하게 일어났다. 우리의 경우 여러 독립운동과 민주화 운동에 대해 국가 기념일이 있지만, 해방 직후 발생한, 결코 잊어서는 안 될 학살에 대한 국가 기념일 지정은 이번이 처음이다. '4·3희생자추념일'은 4·3 희생자에 대한 추념일로서만 의의가 있는 것이 아니라, 다른 여러 집단 학살 희생자 추념일로서도 큰 의미가 있다. 그렇지만 국가 기념일 지정으로 끝나서는 안 된다. 국가 기념일에 걸맞게 국민 모두가 4·3을 기억하고 참회하게 해야 한다.

참으로 다행스럽게도 적시에 4·3에 대해 누구나 쉽게 알 수 있고, 그러면서도 뜨겁게 느끼게 해줄 수 있는 좋은 책이 나왔다. 허영선 시인은 이미 2004년에 4·3시집으로《뿌리의 노래》를 내놓은 바 있고, 2006년에 민주화운동기념사업회의 '역사 다시 읽기' 일환으로《제주4·3》을 썼는데, 후자를 대폭 새롭게 고쳐 써 이번에《제주4·3을 묻는 너에게》를 낸 것이다.

4·3은 과거사 청산의 모범으로 칭송받았다. 진상 규명, 명예 회복, 화해와 상생에 어느 과거사위원회보다 앞서 간 때문이다. 나는 제주4·3위원회 활동을 10여 년간 하면서 이와 같이 4·3이 '모범'이 될 수 있었던 것은 제주도 사람들의 노력 때문이라고 항상 생각한다. 특별법, 진상 보고서, 대통령 사과, 제주4·3평화기념관, 4·3 희생자추념일 등 어디에서건 역사의 힘과 함께 제주의 힘을 느낀다. 그중에서도 특히 4·3의 전국화에 있어 기억해두어야 할 분들이 있다.《화산도》의 김석범,《순이 삼촌》의 현기영,《4·3은 말한다》의 양조훈·김종민,《동백꽃 지다》의 강요배, '제주4·3연구소' 관련자

들…. 그리고 허영선 시인도 들어가야 하지 않을까.

허영선 시인이 들려주는 4·3이야기는 생동감이 있고, 생기가 넘쳐흐른다. 추상적이고 막연한 이야기가 아니라 구체적이고 사실적이다. 아이를 안고 달리는 여인의 모습, 죽어가는 아이들의 얼굴, 또 다랑쉬동굴·동광큰넓궤·빌레못동굴·중산간 마을의 고통, 떼죽음, 해변의 학살터…. 한마디로 현장의 냄새가 물씬 풍긴다. 왜 그럴까. 자신이 직접 현장을 돌아다니기도 했지만 생생한 구술과 증언을 토대로 했기 때문이다. 허 시인은 일찍이 생존자들의 구술을 중심으로 석사 논문 〈제주4·3시기 아동학살연구〉를 썼거니와, 그의 시집《뿌리의 노래》제1부 〈여인열전〉은 여러 할머니 등을 통해 여성들의 구술을 시구로 승화한 것이고, 제2부 〈지금은 유채꽃 필 때〉도 현장을 담은 시다.

허 시인의《제주4·3을 묻는 너에게》는 단순한 학살의 고발이 아니다. 〈차마 사람이 사람을 죽이랴〉 〈아 북촌리, 통곡할 수 없는 슬픔〉 등의 여러 소제목이 말해주듯 형언할 수 없는 깊은 슬픔과 분노가 인간에 대한 따스하고 뜨거운 마음과 함께 문장마다, 구절마다 배어 있다. 그러한 마음은 어린이와 여성에 대한 연민으로 이어져 이 책 어디에서나 느낄 수 있지만, 허 시인은 따로 〈아동과 여성, 그 숨죽인 고통〉의 장에서 다시금 형상화했다. 남원리의 한 여인은 만삭의 몸으로 쫓기다가 그만 아이를 낳았지만, 그 아이는 곧 죽었다. 회한에 찬 〈죽은 아기를 위한 노래〉는 다음과 같이 시작된다.

아가야

거친오름 능선이 발딱 일어나 나를 일으켰고

나는 맨발로 너를 품고 사생결단 내질렀다

네 곧 터져 나올 숨소리 막아내며 달렸다

거친오름 낮은 계곡으로 치달을 때

기어이 너는 세상을 열었구나

와랑와랑 핏물 흥건한 바닥에 너를 내려놓고

불속 뛰듯 달려야 했다 아가야

갈 적삼 통몸뼈에 굳은 피 계곡으로

콸콸 쏟아져 내렸으나

너를 어쩌지 못했다 아가야

내달릴 수밖에 없었다

　나는 이 책을 읽으면서 '4·3은 시인이 써야겠구나' '시인이나 소설가, 화백이 가슴에 파고드는 진실을 정말 잘 그려내는구나' 하는 생각을 몇 번이고 했다. 2만 5000에서 3만을 헤는 4·3 희생자의 처절한 모습, 오로지 '살암시민 살아진다(살다 보면 살게 된다)'며 살아온, 죽음의 문턱에 있었거나 죽음을 지켜봤던 사람들의 심정과 삶은 시인의 마음을 통해야 온전히 그려질 것 같다. 가슴을 에는 고통과 슬픔, 불끈 치솟는 분노도 시인이 제대로 말해줄 것 같다. 예컨대 학자라면 "온 섬이 눈부시도록 찬란한 봄날, 산야는 봄물로 질펀하였으나 핏빛 울음을 머금어야 했다." "1948년 그해 겨울, 무지막지하게 눈이 내렸다. 한라산의 광대한 가슴은 새하얀 벌판이었다. 토벌대를 피해 산으로 올라간 사람들은 집채만 한 눈을 파내 움막을 지어야 했다. 그리고 눈 위에서 토끼처럼 도망쳐야 했다. 새하얀 눈밭 위에 검붉은 핏자국이 흩뿌려졌다.”와 같은 묘사가 나올 수 있을까.

허 시인은 다른 여러 시인의 시어를 통해서도 독자들을 4·3에 다가가게 하고 있지만, 이 책은 강요배 화백의 〈한라산 자락 사람들〉 〈동백꽃 지다〉 등 뛰어난 그림들이 도입부마다 적절히 배치되어 있어 그 감동을 한층 더 실감하게 한다. 맨 끝에 실린 〈4·3의 흔적을 따라 걷는다〉, 곧 '4·3 답사기'는 문장 하나하나가 또다시 가슴을 찡하게 하는데, 여행객들에게 제주도의 아름다운 풍광 속에 숨어 있는 슬픔과 고통을 알게 해주는 훌륭한 안내서다.

20세기 끄트머리 1999년 12월에 제주4·3특별법이 통과되었을 때 허영선 시인은 “이제는 마음 놓고 울 수 있느냐”며 울먹이던 희생자 유족들의 눈물을 잊을 수 없다고 말한다. 제주4·3 66주년을 맞으며 국가 기념일로 지정됨에 따라 4·3은 이제 한국인 모두의 4·3이 되도록 4·3의 진실을 알려야겠다. 그래서 나는 앞에서 이 책이 참으로 시의적절하게 잘 나왔다고 기뻐했다. 마지막으로 왜 4·3을 산 자들이 알아야 하는가를 허 시인의 목소리를 통해 듣는 것으로 이 글을 끝맺고자 한다.

4·3이 왜 일어나고 뭘 원했던가. 어떻게 죽어갔는가. 그것을 모르고서는 역사의 한 줄도 나아가지 못한다. 과거를 모르고 어떻게 나를 찾겠는가. 과거사의 어둠을 그대로 방치한 채 어떻게 이 사회가 맑아지기를 바라겠는가.

잔혹했던 세월, 그 위로 그동안 얼마나 애처로운 동백꽃이 피었다 지고 다시 피었다 졌는가. 통꽃처럼 져버린 목숨들, 산 자들은 이제 그 서러운 사람들을 위하여 진혼의 노래를 부른다. 그리하여 기억의 골짜기에서 사라져버린 사람들, 그들은 그날 이후 새봄과 함께 우리에게 돌아온다.

4·3을 묻는 너에게

4·3국가기념일이 뭐냐고 네가 묻는구나. 2014년 3월, 마침내 대한민국 정부가 정한 제주 '4·3희생자추념일'을 두고 하는 말이다. 참으로 오늘이 오기까지 제주도의 울퉁불퉁한 돌밭을 일구듯이 힘겨웠기에 네 물음에 선뜻 답을 할 수가 없구나. 그래, 지금부터 하는 이야기는 바로 그 이야기란다.

오늘따라 사무치게 꿈틀거리는구나. 저 노랑, 분홍 꽃물결 속으로 출렁이는 쪽빛 바다가. 보이느냐. 암청색 한라산과 그것이 거느린 작은 능선인 새끼 오름의 무리들이 어디론가 가는 것이. 제주도, 정말 아름다운 화산 땅이지. 와락 초봄! 제주의 지상에 발을 디딘 사람들은 이마에 눈꽃을 인 한라산에 경탄하지. 이 땅을 둘러본 사람들은 말하지. 이렇듯 기막히게 매혹적인 풍광 속에 사는 사람들은 정말 축복받은 사람들이라고.

정말 그럴까. 제주도의 사월은 참으로 화사한 유채꽃으로 온 섬을 물들이지만 그것이 비린 아픔이란 것을 아는지. 아름다움의 이면에 도사린 끔찍한 그 시절 이야기를, 이 섬에 참혹하게 피어난 붉은 꽃, 노란 꽃 들은 어떻게 스스로를 치유하는지를.

네가 물었구나. 그런데 왜 제주도가 그렇게 슬픈 섬이냐고. 네 물음에 짧은 대답으로 정말 명쾌하게 답할 수 없다는 것을 나는 안다. 그 어려운 시대를 살아낸 네 할아버지 할머니의 그 서러운 이야기들을 어떻게 다 들려줄 수 있을까. 정녕 이 섬의 사람들이 어째서 시대와 맞서서 살아야 했는지를 어떻게 네게 조각조각 말로 다 할 수 있을까.

아, 떼죽음당한 마을이 어디 우리 마을뿐이던가. 이 섬 출신이거든 아무나 붙잡고 물어보라. 필시 그의 가족 중에 누구 한 사람이, 아니면 적어도 사촌까지 중에 누구 한 사람이 그 북새통에 죽었다고 말하리라.

— 현기영, 〈순이 삼촌〉 중에서

이 구절은 제주도가 고향인 소설가 현기영의 〈순이 삼촌〉에 나오는 내용이란다. 하지만 이 이야기는 허구가 아니다. 비록 소설의 이름을 빌렸지만, 이것은 실제로 있었던 한반도의 남녘 섬, 제주도의 이야기란다. 왜 이렇게 '떼죽음'부터 말할 수밖에 없는지, '학살'부터 말해도 될지 막막하구나.

그러나 확실히 말하자. 제2차 세계대전 후 미국과 소련이 냉전 체제로 치닫던 시기 제주 섬엔 '붉은 섬'이란 딱지가 붙었단다. 그렇다면, 대체 어떤 사람들이 살았던 섬이기에 제주도가 '빨갱이 섬'으로 몰려야 했던 것일까?

그 이유를 대라면 섬 사람들은 오래도록 외세로부터 인간의 조건을 억압당하고 있었다는 것, 그것을 견디다 못한 사람들이 어느 날 분출할 수밖에 없었다는 것이지. 또 다른 이유를 대라면 하나 된 조국을 간절히 열망하며 강하게 저항했던 '죄'밖에 없었다는 것이지. 그로 인해 대학살의 광풍이 온 섬을 휘몰아쳤다. 영문도 모른 채 수많은 사람이 죽어갔다. 거기에 인간의 얼굴은 없었다. 더욱이 그 학살의 배경은 국가 공권력이었다.

고립무원. 그 옛날 함부로 찾아오지도, 쉽게 찾아올 수도 없었던 섬. 꽁꽁 철저히 격리시켰던 화산섬 제주도. 그렇게, 온 섬이 하나의 감옥이었던 시국이 있었다. 바로 그 시절 이야기다.

그 지옥 같은 사건은 1940년대 말, 해방 후 곧바로 이어진 미군정이 우리를 지배하던 시기에 일어났지. 그때 제주 섬에서 동백꽃처럼 툭툭 떨어진 목숨만 2만 5000~3만여 명. 제주 사람 9명 가운데 1명이 죽어갔단다. 마을마다, 집집마다 이 사건으로 희생되지 않은 집이 없을 정도였지.

이 대비극은 곧이어 일어난 한반도의 6·25전쟁 다음가는 아픔이 되었다. 허나 어찌 된 일이냐. 이 이야기는 그날 이후 말하면 절대 안 되는 거였다. "침묵하라!" 아무도 그때 그 일을 말해서는 안 되는 거였다. 누구든 그때의 일을 벙긋했다간 국가 공권력의 이름 아래 온갖 고통을 당해야 했다. '슬픔을 슬픔이라 말할 수 있는 자유'는 어디에도 없었다.

그로부터 30년 후, 기어이 침묵을 깨는 소리가 들려왔다. 바로 소설 〈순이 삼촌〉. '순이 삼촌'이 누구냐고? 4·3 광기의 현장이었던 북촌리 옴팡밭, 그 학살의 한가운데서 살아남아 할머니가 된 사람, 소설 〈순이 삼촌〉의 주인공이란다. 제주에선 촌수를 따지기 어려운 먼 친척이나 가까운 이웃을 '삼촌'이라 부르지. 그 '순이 삼촌'은 그 날의 후유증에서 벗어나지 못한 채 미칠 것 같은 악몽과 환청에 시달리다가 끝내 죽게 되지. 제주도에는 이러한 상처를 가슴에 묻고 살고 있거나 죽어간 '순이 삼촌'이 얼마나 많은지 아느냐.

그 무시무시한 함구령 속에서 '순이 삼촌'은 부스스 걸어 나와 그 사건의 진실을 엄중하게 물었지. 사람들이 그때 왜 억울하게 죽어가야 했는지, 왜 진실은 밝혀지지 않는 것인지를 말이다.

그러면 그 시절 말할 수 없었던 것을 기어이 말했던 작가는 어떻게 됐냐고? 물론 그도 예외 없었지. 곧바로 정보기관에 끌려가 손톱이 온통 피로 물드는 고문을 당해야 했지. "두 번 다시 4·3을 건들지 말라." 이후, 그 책은 '불온'이라는 낙인이 찍힌 채 오랫동안 세상 사람들 앞에 나오지 못하였다. 그 책을 처음 접했을 때의 충격과 두려움을 생생하게 기억하는 이가 많단다. 그때 그 사건을 발설한 대가는 그렇게 가혹했던 것이지.

ⓒ 강요배, 〈시원始原〉
38.7×53.2cm, 종이·펜·붓·먹, 1989년

제주도는

결코

잊을 수 없는 땅,

결코 묻어버릴 수 없는

기억의 땅이다.

뼛골마저

사그라지던

굶주림 속에서도

오로지

"살암시민 살아진다"며 살아온

사람들의

땅이다.

슬픔과 찬란함의 두 얼굴,
제주도

말하고 싶다. 진실은 언젠가 반드시 드러난다는 것을. 역사의 진실, 그것은 아무리 파묻는다 해도, 아무리 왜곡시킨다 해도 시퍼렇게 살아나는 것임을. 그것을 목숨처럼 믿지 않는다면 우리는 어떻게 희망을 말할 수 있을까. 과거사에 대한 정리 없이 어떻게 미래로 나아갈 수 있을까.

마침내 국가 공권력에 의해 억울하게 희생된 사건에 대해 대통령의 이름으로 제주도민에게 사과하기까지 55년이란 긴 시간이 걸렸구나. 명백히 국가권력의 잘못이었음을 인정하기까지 말이다. 허나 그것에 대한 진실 캐기 작업은 아직도 끝나지 않았단다.

물론 혼란스러운 일이겠지. 이 서늘하도록 아름다운 가슴을 가진 제주 섬, 신화가 깃든 땅, 길을 걷기만 해도 행복해지는 이 치유의 공간 곳곳마다 학살의 상처가 없는 곳 없다는 것이. 너무나 이해할 수도, 믿을 수도 없는 바람이 제주 섬을 휩쓸고 갔고, 그것의 진실이 반세기 동안이나 묻혀 있었다는 것이.

검푸른 제주 바다 물결 소리 들리는 제주국제공항 활주로. 그곳에는 매일 비행기가 뜨고 내리는 굉음을 들으며 70년 전 유골들이 뒤척이고 있었다. 역사의 세찬 파도에 시달리던 변경의 섬. 파도는 그날의 괴로운 기억에 언제나 몸을 비틀지.

제주도의 매혹적인 풍광에 사로잡혔다 하는 이들, 제주도의 상처를 느끼지 못하였다면 어찌 제주도를 다 본 것이라고 말하겠느냐. 바람과 오름의 섬 제주도는 찬란하나 무참하다. 제주도의 아름다운 해안과 산야 곳곳엔 4·3의 흔적이 없는 곳 없지. 한라산과 바다, 오름 자락의 궤(굴), 냇가, 저 유네스코가 인정한 절경 성산일출봉, 사라봉, 정방폭포 등 냉전의 가장 황폐한 한 대목이 휘몰아친 곳이다. 이뿐이랴. 들과 밭, 허공을 향해 토해내는 파도의 공간에도 슬픈 제주의 소리가 떠돌고 있다.

지금도 제주를 찾는 많은 사람이 "4·3이 뭐냐?"고 묻지. 그것은 비극의 상징 4·3을 캄캄한 동굴에 너무나 오랫동안 버려두었던 탓이 아니고 무엇이겠느냐. 한국 현대사에서 이 역사의 이름이 낯설기만 한 이유가 바로 거기에 있는 것이다.

그렇다면 역사적 진실이 무엇이냐고 묻는구나. 첫 단추가 잘못 꿰어지면 전체가 엉망이 되어버린다는 것을 너도 알 것이다. 한 번 어긋나게 기록된 역사는 다음의 역사까지 변질시키고 왜곡시킨다는 것을. 그것은 왜 우리가 역사의 진실을 찾아야 하는지에 대한 답이 될 수 있겠지.

그 증거가 바로 제주4·3에 있는 것이지. 아마 진실을 찾기 위해 뼈를 묻겠다는 각오가 없었다면 이 역사는 올바르게 기록되는 것에서 한참 멀리 있었을 것이다. 진실을 향한 사람들의 탐구가 없었다면 말이다.

그런 의미에서 오래된 침묵을 강요받아온 4·3은 매우 중요한 사례가 될 것이라 생각한다. 아마도 네가 이 이야기를 다 들을 즈음엔 이해하리라 믿는다. 아니, 정말 그랬으면 한다. 왜 우리가 이 역사의 진실을 찾아가야 하는지를. 왜 그 진실 찾기가 우리를 살아가게 하는 힘이 되었던 것인지를. 그리하여 제주도가 지금 슬픔과 찬란함의 두 얼굴을 가진 얼마나 모순된 땅인지를.

우리 시대에 벌어진 사건들, 그것을 어떻게 외면하겠느냐. 현재의 역사는 바로 과거 역사의 상처 위에서 이뤄지고 있는 것이다.

누군가 말했지. "역사는 기억하는 것"이라고. "과거에 대한 기억을 잊는다면 어떻게 미래에 대한 희망을 가질 수 있는 것이냐"고. 제주도는 결코 잊을 수 없는 땅, 결코 묻어버릴 수 없는 기억의 땅이다. 뼛골마저 사그라지던 굶주림 속에서도 오로지 "살암시민 살아진다(살다 보면 살게 된다)"며 살아온 사람들의 땅이다.

또다시 봄빛이 산야를 물들이는 이 계절, 제주 섬엔 정신적인 외상이라 불리는 트라우마에 시달리는 사람들이 있음을 기억하자.

어찌 잊겠느냐. 다만 농사짓고, 고기 잡으며 살던 사람들, 부모, 자식이, 사랑하는 사람이 눈앞에서 죽어도 슬퍼할 자유가 없던 사람들을. 어찌 잊겠느냐. 죄 없는 것이 죄였던 사람들, 이름자가 같다는 이유로 감옥에 가고, 행방불명된 사람들을. 다만 그 시국을 만났던 죄로 죽어갔던 사람들을. 두 번 다시 돌아오지 않는 남편을, 자식들을 기다리다 죽어간 어머니의 어머니들을 어찌 잊겠느냐. 잊어선 안 되는 것, 이것이 산 자인 우리가 너무나 억울하게 죽어간, 그 시대의 사람들에게 할 수 있는 일이 아니겠느냐.

그렇다면, 도대체 왜 그랬냐고? 그것은 단순하지 않은, 가시덤불처럼 얽히고설킨 역사적 배경에서부터 출발한다. 그러니까 그 배경을 이해하지 않으면 안 되는 일이지. 이제부터 그것을 이야기하려 한다. 자, 그러면 잠시 해방된 땅으로 돌아가보자.

섬, 민중의 뿌리

1

해방의 첫발

섬 전체가 하나의 요새

"우리 일은 우리가 한다"

대흉년, 넘기 힘든 보릿고개

ⓒ 강요배, 〈강제 노역〉
31.0×53.2cm, 종이 · 콩테, 1990년

부웅~. 그때 뱃고동 소리가 울리며 제주항은 북적거렸다. "해방이 왔네""해방이 왔네". 그리던 한라산, 고향으로 돌아오는 사람들의 긴 행렬이 시작되었다. 일제강점기, 1920년대부터 해방 직전까지 제주와 오사카를 잇는 여객선 '기미가요마루(君代丸)'에 몸을 실었던 사람들이다.

　바다 건너 돈 벌러 갈 수 있는 이국 땅. 바로 일본이었다. 집집마다 일본 땅 밟아보지 않은 사람 없을 만큼 떠난 사람들이 많았던 제주였다. 그렇게 현해탄을 건너갔다 오는 사람들로 항구는 들떠 있었지. 고무 공장, 유리 공장, 방적 공장 등 일본 곳곳에서 죽도록 노동하며 살던 사람들, 또 다른 출륙으로 생사를 오가던 사람들의 소리로 가득 찼다.

　저 홋카이도 탄광이나 토목공사장에서 오랜 세월 강제 노동하다 돌아오는 사람들, 멀리는 남태평양제도, 블라디보스토크와 사할린,

섬,
민중의
뿌리

중국 땅에서 건너온 이들이 고향의 품에 안기고 있었다. 굶주림과 차별에 시달리면서 생사를 넘나드는 사투를 벌여온 사람들. 태평양 전쟁 말기, 유학 중에 학도병으로 징병돼 끌려갔던 청년들, 한 줌 재가 되어 유골로 돌아오는 이도 있었다.

일제강점기, 이 섬에서 군인과 군속, 노무자 등으로 일본으로 끌려간 이는 최대 5만 명까지라고 말한다. 피할 수 없었던 강제징용이었으니! 질긴 송악 줄기처럼 살아 제주해협을 건너온 사람들은 절반도 되지 않았다.

100여 명의 청년과 함께 일본 해군의 군속이 되어 강제징용을 떠났던 한 할아버지는 "먹을 것이 없어 굶어죽는 사람이 속출했어. 바닷물로 소금을 대신하고 뜯어 먹을 풀마저 없어 독초를 열 번에 걸쳐 끓이고 끓여 먹어 연명했지. 아마 폭탄 맞아 죽은 수만큼 굶어죽었을 거야. 당시 100여 명 같이 갔는데 그중 살아 돌아온 사람은 채 40명도 되지 않아"라고 했던 위험한 삶이었지. 해방 직후 제주는 전국 최고의 인구 변동률을 보였으니 상상이 가겠지.

그때였다. 할머니의 두 아들도 때 전 쑥색 군복을 입고 돌아온 것은. 그렇게 못 견디게 그리던 고향이었다. 근데 고개를 들어보니 해방된 조국은 해방이 아니었다. 많이 당혹하고, 위화감을 불러일으키게 하는 고향의 풍경. 오래도록 일장기가 펄럭이던 자리엔 낯선 성조기가 기세 좋게 휘날리고 있었으니 말이다. 혼돈과 격동의 조국, 허나 어떻게든 삶의 날개를 펼쳐야 했다.

해방의 첫발

"본관의 지휘 하에 있는 승리에 빛나는 군대는 금일 북위 38도 이남의 조선 영토를 점령했다!"

1945년 9월 7일 자로 떨어진 맥아더 포고 제1호 '조선 인민에게 고함'. 이 포고령은 일제 35년의 막은 내렸으나, 이날로 남한에서는 미군의 통치 시대가 열렸음을 알리고 있었다.

제주 섬에 미군이 처음 상륙한 날은 1945년 9월 28일. 바닷길과 하늘길로 제주 섬에 도착한 미군정. 이들은 제주 섬에 발을 딛기가 무섭게 제주도 주둔 일본군 접수 작전에 들어갔다. 그로부터 얼마 후, 군정 업무를 담당하기 위해 미군 제59군정 중대가 달려왔다. 제주의 미군 사령부는 제주도청의 일부를 사용하고 있었다.

씽씽, 차로 달리는 미군들의 모습을 보는 제주 사람들의 심정은 한편 혼란스럽고 조바심이 일었으나 일단 죽음의 공포로부터 해방되었다는 안도감, 그것에 만족해야 했다.

제주도가 어떤 섬이더냐. 한반도·일본·중국 본토의 한복판에 자리 잡은 섬, 그 앉은 자리 때문에 늘 바깥바람에 시달려야 했던 섬, 더구나 태평양전쟁 말기엔 아슬아슬한 위기에 처했던 제주도였다. 바로 해방의 그 순간까지 끝도 없는, 저 일본의 탄압을 받았던 사람들의 섬이었다.

제주도 연안. 일본군들이 LSM에서 포들을 바다에 버리고 있다.

이것은 모든 적군의 장비를 파괴하라는 미국의 정책에 따라 이뤄졌다.

(1945. 9. 30. Albright 촬영)

섬 전체가 하나의 요새

해방 직전까지 제주도는 섬 전체가 하나의 요새였단다. 주민들의 밭도 모두 그들의 거처였다. 일찌감치 제주 섬에 눈독을 들이고 있던 일본이었다. 일제강점기, 해방 직전까지 제주 섬엔 일본군의 군홧발이 쿵쿵 울렸지. 그들은 온 섬을 무려 6만 명이 넘는 일본군이 주둔할 전략 기지로 만들고 있었던 것이지.

제주 섬 한 바퀴를 돌다 보면, 해안선부터 한라산 중턱 어승생악까지 그물망처럼 일본군이 만들어놓은 동굴 진지를 볼 수 있지. 성산포, 모슬포 송악산, 어승생악, 가마오름 곳곳마다 납작 웅크린 채아가리를 벌리고 있는 무수한 굴, 전투기 격납고들 말이지. 그렇게 그들은 섬을 빙 둘러가며 동굴 모양의 갱도를 파고 또 팠다. 물론 그때 그렇게 갱도를 힘겹게 파야 했던 사람들은 바로 이 섬, 제주도 사람들이었지. 소위 결7호 작전이라고 부르는, 일본군의 전략 기지였던 것이지. 왜 그랬던 걸까?

일본의 태평양전쟁 패망 직전 상황을 돌아보자. 어쩌면 제주도와 너무나 비슷한 운명을 가진 섬, 오키나와가 미군에 점령되자 일본은 제주도를 일본 본토 사수를 위해 미국과 결전을 치를 최후 보루로 삼았지. 그러니까 미군이 제주에 상륙할 경우 한라산을 중심으로 최후까지 유격전을 벌이며 옥쇄한다는 작전, 그것이지. 미군이 상륙하는 날엔 당시 20만 명의 제주도민을 총알받이로 세워 끝까지 맞서 싸운다는 계산이었다.

"새로운 조국, 희망찬 조국을 건설하자."

마을마다 생기가 감돌았다.

얼마나 목마르게 해방을 기다려왔던가.

사람들은 오로지 잃어버렸던 조국의 산하에

새 나라를 가꾸자는 일에만 머리를 모으기 시작했단다.

ⓒ 강요배, 〈해방〉
39.0×55.0cm, 종이·콩테, 1990년

그렇게 그들의 전쟁 때문에 제주도민들에겐 시시각각 죽음의 위기가 다가오고 있었던 것이지.

그런 위험한 순간에 찾아든 해방. 그것은 제주 사람들을 징용, 징병, 노무 동원, 강제공출 같은 위태위태한 죽음의 지옥으로부터 건져주었다. 8·15 직전까지 최후 결전을 위해 배치됐던 일본군은 미군에 의해 모두 철수해야 했지. 간발의 차로 살아난 섬 제주도였다. 오랜 탄압 끝에 찾아든 해방, 그건 환희였고, 감격 그 이상이었다.

일본의 항복이 조금만 늦었어도, 하마터면 섬은 불바다가 될 뻔했다고 제주 사람들이 한숨을 내쉬었던 이유가 거기에 있다.

"우리 일은 우리가 한다"

"새로운 조국, 희망찬 조국을 건설하자." 마을마다 생기가 감돌았다. 얼마나 목마르게 해방을 기다려왔던가. 사람들은 오로지 잃어버렸던 조국의 산하에 새 나라를 가꾸는 일에만 머리를 모으기 시작했다. 그 일의 중심에 선 것은 건국준비위원회(건준)였다. 우리 민족이 똘똘 뭉쳐 자주적인 독립국가를 세우자며 탄생한 전국적인 조직이었던 '건준'이 제주도에서도 탄생한 것이지.

그러나 얼마 없어 중앙의 '건준'은 '인민위원회'로 개편되고, 제주도 '건준'도 곧 '제주도인민위원회'로 간판을 바꿔 달게 된다.

"우리 일은 우리가 한다"를 구호로 내건 인민위원회. 민중의 뜨거

일본군 폭탄 저장고 굴 입구. (1945. 10. 3. Albright 촬영)

일본이 폭탄을 처리하고 있다. (1945. 10. 4.)

운 지지를 받으며 순탄한 길을 갈 수 있었지. 인민위원회 간부 중에는 일제강점기 때 항일운동으로 옥살이를 한 사람이 많았고, 그들은 지역민들의 신망을 받고 있었지. 오로지 조국을 찾는 게 희망이었던 시대, 제주도에는 항일운동가가 유독 많았다. 섬을 떠나 서울·부산·광주 같은 육지로, 일본으로 유학을 했던 사람이 많았던 섬이었지. 그들의 영향도 있었던 것인지 일찍부터 젊은 사상가가 많았고, 청년운동이 활발했지.

그들은 좌익이니 우익이니 사상을 떠나 심지어 일제 때 면장을 했던 사람들도 악질적인 친일파가 아니라면 모두 끌어들였지. 인민위원장이 이장이나 면장이 된 마을도 있었고, 사무실은 어김없이 마을 향사(공회당. 마을의 일을 보던 곳)를 사용할 정도였다.

제주 섬. 이상하게도 기쁨도 슬픔도 함께 나누는, 특유의 공동체가 강했던 섬이다. 그런 기질 탓인지 인민위원회는 다른 지역보다 더 오래 제주 섬의 구심체가 될 수 있었다. '인민'이란 말은 지금은 쓰지도 않고, 부담이 가는 이름이지만 식민지 시기나 해방 직후부터는 일반적으로 사용되던 용어였지.

"우리글을 알아야 한다"며 인민위원회는 마을마다 야학도 열었지. 게다가 마을 젊은이들을 모아 순찰을 돌면서 민중 스스로 치안을 유지하고 양담배, 양과자를 배척하는 모임도 가졌단다. 주민 의견을 대표하는 자치 기구, 한마디로 풀뿌리민주주의의 구성체나 다름없었지. 학교 설립에도 많은 노력을 기울였던 건 해방 직후부터 중등 10개소, 초등 44개소가 설립되었다는 것을 보면 알 수 있지.

인민위원회와 함께 지역별로 청년 조직도 구성됐다. 그렇게 인민위원회는 빠른 속도로 통치력을 발휘하며 활발하게 나갔다. 그러니까 자체적으로 질서를 유지할 수 있었던 거란다.

그렇다면 미군정은 어땠을까? 처음엔 미군정도 인민위원회와 사이가 좋았다. 군정을 무리 없이 실시하기 위해서는 강력하게 떠오른 인민위원회를 무시할 수 없었기 때문이었지. 그들은 인민위원회를 제주 도내 유일 정당으로, 모든 면에서 정부나 다를 바 없는 조직체라 평가하고 있었단다. 가령 경찰서장이 신임 지서장을 발령하면서 인민위원장에게 잘 부탁한다는 소개장을 써주는 일이 있을 정도였으니 말이다.

그런데 이 무렵, 미군정은 점령 정책의 연장선 위에서 일제강점기의 친일 경찰을 미군정의 경찰로 만들고 있었다. 그들에게 옷만 갈아입힌 후 미군정의 경찰로 다시 등용한 것이지. 청산하지 못한 옛날의 친일파들이 반공주의자로 변신했다. 그렇게 친일파들이 목에 힘을 주고 어깨를 으쓱거리며 거리를 활보했으니 상상이 가겠지.

대흉년, 넘기 힘든 보릿고개

일본군이 떠난 자리, 거기엔 일본에서 돌아온 6만여 명의 제주 사람들로 가득 메워졌지. 목숨 걸고 검은 바다를 건너가고 건너온 이들,

허나 고생하다 돌아온 고향엔 쌀 항아리가 바닥을 보였다. 지긋지긋한 가난의 바람. 아득했다. 집집마다 보리 낟알 한 톨이 귀했다. 갑자기 사람들이 불어나자 생필품이 부족하고 먹을 것은 모자라다고 더 아우성이었다.

해방 이듬해, 1946년은 제주도민들을 벼랑 끝으로 내몬 한 해였지. 유례없이 보리 농사는 대흉작을 기록하고 있었다. 그러니 도민들은 이 대흉년에서 살아남기 위해 그야말로 들판의 칡뿌리와 바닷것, 먹을 만한 것이라면 모두 거둬들여서 목숨을 연명하여야 했다. 산야의 쑥마저 먼저 캐지 못하면 차지할 수 없었으니. 오로지 생존! 입에 풀칠하는 길이 우선이었지. 그리하여 한 입이나마 덜겠다고 일본으로 다시 떠나는 사람도 생겨났지.

그러니 진정한 해방이었겠는가. 일본의 우산 아래 있던 제주도민들은 해방과 함께 또다시 거대 미국의 우산 아래서 숨을 쉬어야 했으니.

'지슬'이라고 부르던 감자, 그리고 고구마는 그 시절 귀한 식량이었지. 톳과 보릿겨 등을 섞어서 만든 톳밥, 밀범벅, 심지어 돼지 사료로 쓰이던 전분박까지 먹을거리로 나돌았으니 그야말로 황폐한 들녘이었지.

엎친 데 덮친 격으로 온 섬에 호열자(콜레라)까지 나돌았다. 흉년에 역병이라니! 환자가 발생한 집 앞에는 금줄이 쳐졌다. 전염될까 마을마다 청장년들이 길목을 막아서 이동을 금지시키거나, 환자를 면회하고 오는 사람들은 마을 초입에 작은 막을 만들어 거기에 며

칠 기거했다가 귀가하게 하는 풍경도 이 시대 일이었지. 이로 인해 죽은 사람만 369명. 민심은 극도로 흉흉하였다. 하늘이 원망스러웠다. 살기등등한 바람만 쓸려오고 쓸려왔다.

게다가 해방된 땅에 나타난 새로운 점령군 미군. 그들은 미곡 수집령이란 것을 내렸다. 그들의 정책은 일제가 실시하던 쌀 공출제도의 변형이나 다름없었단다.

주민들에겐 다시 듣고 싶지 않은 이름, 공출. 일본은 패망 직전까지 얼마나 공출 또 공출을 강요했던가. 비행장의 잔디 공출은 물론 굶어서 죽어가는 사람까지 있었던 그 시절, 할당량을 못 채운 중년의 아버지들을 '구젱기닥살(소라 껍데기)' 위에 무릎 꿇게 하거나 '석돌꿀림'이라고 해서 현무암 돌 위에 꿇게 하는 고문까지 이뤄졌던 공출이었다.

더 이상 내놓을 것 없는 농민들과 군정 당국 사이엔 마찰이 벌어졌다. 때문에 어느 마을에서는 공출 독촉을 나온 면서기가 청년들에게 폭행당하는 사건도 벌어졌다.

주민들이 굶어 죽어가는 이때, 보리 공출에 밀수품 단속을 빙자한 군정 관리들의 비리 행위까지 고개를 들고 다녔다. 다른 지방에서 쌀을 들여올 수가 없게 되어 식량난은 더 심해져갔다.

긴 말이 필요 없다. 이 무렵 처참했던 이 섬, 제주도의 살림살이를 중앙의 한 신문은 이렇게 전하고 있다.

제주도 인민 30만은 지금 역경 속에서 신음하고 있다. 모든 공장은 대부분이 움직이지 않고 친일파 민족 반역자들이 발호하여 이 땅의 민주화를 방해하고 있다. "미군정이 존속하는 한 경찰은 나를 체포치 못할 것이다" 이 말은 무엇을 말하는 것일까? 쌀과 자유를 달라! 이것이 정의의 인민의 부르짖음이 아닐까?

－〈독립신보〉 1946. 12. 19.

"쌀과 자유를 달라!" 식량 부족으로 위협을 받고 있는, 생존의 늪에 빠진 도민들의 거친 숨결이 흘러나온다.

1946년이 저물고, 해가 바뀌어도 도민들의 삶은 무겁기만 하였다. 어떤 때는 배급 받은 밀가루가 질이 좋지 않은 데다 비료나 석유, 석탄분 등이 섞여 있어 이것을 식량으로 먹은 주민들이 구토를 하여 배급을 중지하는 사태가 벌어지기도 했다. 고개 넘어 또다시 보릿고개, 밀기울까지도 구하기 힘들었다. 제주도는 이제 거의 빈사상태, 실오라기만 한 희망도 보이지 않았다.

"앉아서 공부만 할 순 없다." 기어이 학생들은 펜을 놓고 교실 밖으로 뛰쳐나갔다. 학생들의 저항운동은 들불처럼 번져가기 시작하였다. 제주농업학교, 오현중학교에서는 일제 잔재 교육과 독재적인 교육에 반대한다며 동맹휴학 운동이 일어났다. 학생운동은 1947년 접어들면서 펄펄 타올랐다.

그해 2월 10일, 미군정청이 자리 잡은 관덕정 광장. "조선의 식민

지화를 양과자로부터 막아내자"고 외치는 학생들의 격렬한 양과자 반대 시위가 벌어지고 있었다. 제주 시내 중학생들이었다. 교내에서 시작된 학생운동이 사회운동으로 번져나간 것이지. 미군 보고서는 이날의 시위 참가 학생을 300~400명, 〈제주신보〉는 1000여 명이라고 기록한다. 시위대를 강제로 해산하려는 미군정 중대에 맞선 학생들의 저항은 더욱더 강력해졌지. 안팎으로 참고 참아온 사람들의 울분은 예견된 것이었다.

1947년 제주도의 양과자 수입 반대는 전국적인 화제가 되었다. 미군 보고서는 이 사건을 제주도에서 일어난 최초의 반미 시위로 규정했다.

서서히 사람들의 가슴은 뜨거워지고 있었다. 꾹꾹 안으로 눌러놓았던 분노가 쌓이고 쌓였단다. 언제까지 이래야 되는가. 얼어붙은 바다와 언 들녘 위로 어린 쑥은 따뜻한 땅의 기온에 밀려 올라오기 시작했으나 제주 사회는 긴장감으로 잔뜩 찌푸려 있었다.

조선건국준비위원회와 인민위원회

조선건국준비위원회(건준)는 여운형이 일제 말기 비밀리에 결성한 건국동
맹을 모태로 1945년 8월 15일 해방과 함께 수립됐다. 당시 일제 총독부는
패전 상황에서 조선의 치안 문제, 그리고 일본인의 생명과 재산 보호가 가
장 시급한 과제로 등장하자, 여운형을 만나 교섭을 벌였다. 여운형은 총독
부와의 교섭에서 '모든 정치·경제범의 석방, 3개월분의 식량 확보, 조선인
의 정치 활동 보장' 등의 조건을 수락 받고 건준을 발족시켰다. 건준은 치
안의 회복과 질서유지를 위해 지역과 직장별로 치안대를 조직했고, 부족한
식량 확보를 위해 식량대책위원회를 설치했다. 건준은 지방에도 지부 조직
을 확대, 8월 말에는 전국적으로 145개 지부를 결성했다. 이러한 상황에서
건준 중앙 지도부는 1945년 9월 6일 들어 이승만을 주석, 여운형을 부주석
으로 하는 조선인민공화국(인공)의 수립을 선포했다. 인공의 선포는 연합국
의 남한 상륙에 앞서 정식 정부를 조직하여 인정받으려는 의도가 크게 작
용했다. 건준 중앙이 인공으로 바뀌면서 건준 지방 지부는 인민위원회로
바뀌어나간다. 건준 지부가 인민위원회로 개편된 결과, 그해 10월 말까지
남한 8도와 13개 도시 및 132개 군에 인민위원회가 조직됐다.

제주4·3을
묻는
너에게

모스크바3국외상(삼상)회의와 신탁통치안

미국과 영국, 소련 3개국은 1945년 12월 16일 모스크바에서 외상 회담을 열고 제2차 세계대전 전후 문제를 논의했다. 이 회담에서 미국과 소련 양국의 주장이 절충되어 12월 27일 모스크바삼상회의 결정안이 만들어졌다. 결정안은 미·영·중·소 4개국이 5년 이내의 기한으로 신탁통치를 실시하고 조선의 독립을 이루기 위해 임시정부를 세운다는 내용이었다. 또 이를 돕기 위해 미소공동위원회를 설치 운영하기로 했다. 모스크바에서 삼상회의가 진행되는 동안 국내에서는 신탁통치를 둘러싼 논란이 계속됐다. 당시 일반 대중의 인식은 신탁통치를 식민지 상태로 다시 되돌리는 것으로 여겼다. 이러한 분위기 속에서 우익 세력은 대대적인 반탁운동을 벌인다. 특히 김구의 임시정부 계열은 신탁통치반대 국민총동원위원회를 구성하고 전국적인 파업을 결의했다. 신탁통치 문제가 떠오르면서 우익 세력은 이승만과 김구를 중심으로 모였으며, 결국 1946년 2월 들어 비상국민회의가 결성됐다. 이에 비해 좌익 세력은 처음에 신탁통치 반대 입장을 보이다가 1946년 들어 모스크바삼상회의 결정을 지지했다. 한편 조선공산당을 비롯한 좌익 세력은 우익의 반탁운동에 맞서 모스크바 결정을 지지하는 집회를 열었다. 이를 바탕으로 좌익 세력은 1946년 2월 민주주의민족전선(민전)을 결성했다. 이는 우익의 비상국민회의에 맞서기 위한 조직이었다. 결국 모스크바삼상회의 결정을 계기로 좌우익은 신탁통치를 놓고 대립하면서 비상국민회의와 민전으로 나뉘었다.

폭풍
전야

2

관덕정 광장을 울린 총성

총파업!

탄압, 저항의 불꽃

ⓒ 강요배, 〈총파업의 관덕정 광장〉
43.5×77.8cm, 종이·목탄, 1991년

그래, 네가 물었구나. 3월 1일 제사를 지내는 이가 누구냐고. 그 사람의 이야기다. 나의 할머니의 작은아들이지. 열다섯에 죽은 아이. 1947년 3월 1일 아침, 제주북국민학교 6학년에 다니던 아들은 검정 고무신, 검정 광목 바지 차림으로 기념식에 간다며 휭 나갔단다.

　그리고 몇 시간 후, 아이는 싸늘한 주검이 되어 가마니에 덮여 왔던 것이지. 할머니의 억장이 어떻게 무너지지 않았겠니. "내 아들 살려내라"고 울부짖던 할머니는 까무러쳤고, 결국 그 운명을 시국 탓으로 돌려야 했다. 해방된 조국에서 아이다운 행복을 몰랐던 아이였다. 할머니는 평생 그 아이의 이야기를 입 밖에 내지 않았단다. 그런데, 왜 그랬냐고? 바로 그날이었구나.

관덕정 광장을 울린 총성

1947년 3월 1일. 꽃샘추위 속에서 한기가 살금살금 뼛속을 파고들던 날, 하늘은 맑았다. 마침 토요일이었지. 사람들이 제주북국민학교 운동장으로 밀물처럼 모여들고 있었다. 제28주년 3·1절 기념 제주도대회였다. 사람과 사람 사이, 발 디딜 틈이 없었다.

연단 위의 연사가 무슨 말을 하는지도 들리지 않았다. 그렇게 많은 사람이 모여든 광경은 태어나 처음 보는 거였다. 남녀노소, 활짝활짝 편 고사리손들까지 보였지. 이 허가 받은 집회에 모여든 사람은 대략 2만 5000~3만여 명이라고 했다. 그때 제주 사람이 28만여 명이었으니 10분의 1이 넘는 제주 사람이 모인 셈이지. 제주읍은 물론 애월면, 조천면 등지에서 걸어서 온 학생과 주민들도 많았지.

어떻게 이런 많은 군중이 모였을까? 3·1절 기념행사 준비위원회는 각 면 단위로 기념식을 갖되, 제주읍·애월면·조천면 지역만은 제주북국민학교에 함께 모여서 대대적인 기념식을 갖자는 계획을 미리 세웠지. 지하조직으로 활동하던 남로당 제주도위원회는 3·1절 기념행사를 앞두고 드디어 조직 총동원령을 내렸던 것이지.

3·1절 기념행사를 닷새 앞둔 2월 23일. 제주 읍내 조일구락부에서 '민주주의민족전선(민전)' 결성식이 있었다. 민전은 28주년 3·1절 기념행사를 어떻게 치를 것인가를 놓고 고심 중이었지. 3·1절 행사 주최를 시발로 다른 지방처럼 민전이 전면에 나서게 됐지. 그때 제주도 민전 공동 의장 중 한 사람인 안세훈은 남로당 제주도위원회 위원

장이자 3·1절 기념행사 준비위원장을 겸했다.

드디어 1947년 3월 1일 오전 11시, 제주북국민학교에서 역사적인 3·1절 기념행사가 열렸다. 이 기념식에서 안세훈은 "3·1혁명 정신을 계승하여 외세를 물리치고 조국의 자주통일 민주국가를 세우자"고 외쳤다. 이어 각계 대표들이 나와 발언을 하면서 대회는 후끈 달아올랐다. 그도 그럴 것이 이날 행사는 서울처럼 좌, 우익 진영 두 개로 나눠 진행되지 않고, 하나로 이뤄졌지.

"삼상회의 결정 즉시 실천!""미소공동위원회의 재개!""3·1 정신으로 통일 독립 전취하자!""친일파를 처단하자!""부패 경찰을 몰아내자!""양과자를 먹지 말자!"모여든 사람들은 목청껏 구호를 외쳤다.

이날 오후 2시께, 기념식을 마친 군중은 이 구호와 '왓샤! 왓샤'를 외치며 관덕정 광장으로 향했다. 이날 집회 후 행진은 군정 당국의 반대로 허가 받지는 않았으나, 평화로웠다. 맨 앞줄에는 부녀동맹 사람들, 학생들 순으로 행진하고 있었지.

이날, 미군정이 서둘러 내려보낸 충남·북 응원 경찰 100명과 제주 경찰 330명 등이 만일의 사태를 대비하고 있었다. 남조선노동당(남로당) 제주도위원회가 주도한 이날 행사에 경찰은 머리끝을 세우고 긴장하고 있는 모습이 역력했다.

응원 경찰이라니? 사방이 섬으로 둘러싸인 제주도는 옛날부터 왜구의 침입에 바람 타던 섬이었다. 이미 조선 말에는 크고 작은 민란이 잦았던 섬이기도 하지. 작은 소요가 일어날 때마다 섬의 민중은 저항을 했다. 때문에 중앙정부는 본토에서 서둘러 군사를 이 섬에 내려보냈던 역사를 갖고 있지. 일제강점기 때도 그랬지.

1919년 조천만세운동. 1931년 제주농업학교 동맹휴학사건, 1932년 제주해녀항일투쟁 등 항일운동 때마다 전라도 경찰부 소속 무장 경관들이 제주도에 속속 달려왔던 사실이 그러한 사례지. 하지만 이런 관례를 깬 사건이 발생한단다. 바로 1947년 응원 경찰이다. 이들은 사태가 일어나기도 전에 미리 와 있었다. 참 이해할 수 없는 일이지.

시위 대열이 관덕정 광장을 벗어난 시점인 2시 45분께였다. 그때였다. 말을 탄 경관의 말발굽에 한 어린아이가 채어 쓰러진 것은. 그런데도 기마 경관은 마치 아무 일 없다는 듯이 유유히 가려 했다. 성난 군중은 "저놈 잡아라" 쫓아갔고, 당황한 경관은 군중에 쫓기며 관덕정 옆 경찰서 쪽으로 말을 몰았다.

바로 그 순간이었다. 하늘이 내려앉았던 것은. '팡팡' 몇 발의 총성이 하늘을 찢었다. 총소리에 놀란 군중은 와당와당 동요하기 시작했다. 총소리는 관덕정 앞에 배치됐던 무장 경관과 경찰서 내 꼭대기 망루 위 어딘가로부터 일제히 울려 퍼졌다.

관덕정이 날아갈 듯한 총성과 함께 구경하던 6명의 주민이 외마디 비명과 함께 그 자리에서 쓰러졌고, 8명은 중상을 입었다.

이들은 제주4·3의 첫 번째 희생자가 되었다. 희생자 가운데는 젖먹이를 안고 쓰러진 스물한 살의 젊은 어머니 박재옥, 해방되자 일본에서 돌아와 농사짓던 농부, 그리고 바로 할머니의 작은아들, 그

소년도 있었다. 북국민학교 6학년 허두용은 그때 가장 어린 죽음이었다. 한 달 뒤면 중학생이 될 아이였다.

이날의 총성은 겁을 주려 했던 단순한 공포탄이 아니었다. 발포는 위협 수준을 넘어선 것이었지. 부검 결과, 희생자 중 1명을 빼고 다른 5명은 모두 등에 총을 맞은 것으로 판명이 났다. 이날 총은 본토에서 온 응원 경찰에 의해서 발포되었고, 희생된 이들은 시위대가 아니라 단순한 관람 군중이었다. 물론 명백한 경찰의 과잉 반응이었다. 군중이 기마 경관을 쫓아 몰려가는 것을 본 경찰이 경찰서를 습격하는 것으로 알고 쏜 것이었다.

그랬다. 제주4·3의 도화선이라 불리는 '3·1사건'은 이렇게 시작된다. 관덕정 광장을 울렸던 총성! 그것은 비극의 전주곡이었다. 이때부터 제주 사회는 잿빛 급물살로 빨려 들어가기 시작했다.

경찰은 곧바로 통행금지령을 내렸다. 이날 저녁 7시부터 다음 날 오전 6시까지. 제주경찰서장은 경무부에 긴급 지원 요청. 경찰은 이 사건을 '경찰서 습격 사건'으로 규정하고 사람들의 마음을 수습하려 하기보다 오히려 강경 대응 쪽으로만 몰아가려 하고 있었다.

사건이 일어난 바로 그날, 목포 경찰 100명이 아주 발빠르게 제주를 향해 출발하고 있었다. 제주 경찰은 다음 날부터 3·1절 기념행사 준비위원회 간부와 학생 들을 잡아들이기 시작했다. 총을 쏜 행위는 애써 외면한 채. 경찰은 배후에서 이날 대회를 이끌어간 남로당의 선동 부분에만 온갖 관심을 집중하면서 캐고 있었다. 이 사태를 해결하기 위해 강경책을 편 경찰, 그들은 2일 하루 동안 학생 25명을

© 강요배, 〈3·1대시위〉
38.7×53.2cm, 종이·콩테, 1991년

경찰은 "시위 군중이 경찰서를 습격할 태세를 보여 불가피하게 발포하게 됐다"는,

발포가 정당했다는 것을 내세운 성명을 발표한다. 민심은 더 이상 억누를 수 없는 폭발 직전이었다.

"3·1사건 진상을 규명하라!" "3·1사건 발포 책임자를 처벌하라!"

민중의 목소리는 점점 파도처럼 높아만 갔다.

연행했다. 잡히면 무조건 구타와 고문을 한다는 소문이 바람처럼 횡횡 나돌았다.

경찰은 "시위 군중이 경찰서를 습격할 태세를 보여 불가피하게 발포하게 됐다"는, 발포가 정당했다는 것을 내세운 성명을 발표한다. 민심은 더 이상 억누를 수 없는 폭발 직전이었다. "3·1사건 진상을 규명하라!" "3·1사건 발포 책임자를 처벌하라!" 민중의 목소리는 점점 파도처럼 높아만 갔다.

초기에 인민위원회와 어느 정도 좋은 관계를 유지하던 미군정. 그들의 태도는 3·1사건을 기점으로 완전히 틀어져버렸다.

그해 3월은 그렇게 시작되었다. 그날 이후 민중의 분노는 극에 달했다. 이로 인해 엄청난 대비극이 일어날 줄은 아무도 몰랐다. 그로부터 열흘 후였다.

총파업!

1947년 3월 10일. 온 섬이 꽁꽁 문을 닫았다. 주민은 물론 공무원까지 나섰던 총파업! 국내외에서 보기 드문 대규모 민·관 총파업이 일어난 것이다. 제주도 사람들은 바다 일도, 밭일도 모두 손을 놓았다. 도내의 166개 기관·단체가 여기에 동참했다.

모든 은행, 교통, 공장, 통신 기관, 교육, 식량 배급 등의 업무도 멈춰 섰다. 심지어는 미군정청 통역단이나 현직 경찰관, 구멍가게까지 참여했다. 모든 행정기관이 일을 놓았다. 도내 각급 학교는 파업단을 조직하면서 무기한 휴교. 섬은 마비 상태였다. 도대체 어떻게 이런 총파업까지 가게 됐을까?

3·1사건 직후, 경찰은 발포 사건에 대한 아무런 대책도 세우지 않았지. 가만히 당하고만 있을 것인가. 참다못한 도민들은 "3·1사건 진상을 규명하라!" "발포 책임자를 처벌하라!" 격렬하게 목소리를 높이기 시작했다. 각 단체별로 3·1사건 대책위가 결성됐다. 또 미군정과 경찰의 만행을 폭로하며 제주의 언론 〈제주신보〉사 등에서는 희생자 유족 조위금 모금에 돌입, 도민의 동참이 이어졌다.

왜, 3·1절 발포 사건에 대해 군정 당국과 경찰은 납득할 만한 조치를 취하지 않고 있는가. 제주도청 직원들도 3·1사건 진상조사단에 진상 보고를 요청했다. 그러나 한마디로 거부당한다. 분노한 그들은 "발포하는 현장을 목격한 관공리(공무원)로서 방관할 수 없다"며 '제주도청 3·1대책위원회'를 구성한다.

대책위는 투쟁에 들어가면서 제주도 민정 장관 스타우트 소령과 주한미군사령관 하지 중장에게 다음의 요구 조건을 내놓았다. 그 조건이란 무엇일까?

우선 "경관의 무장을 즉시 해제하고 고문을 즉시 폐지할 것" "발포 책임자 및 발포 경관을 즉각 처벌할 것" "경찰 수뇌부는 책임을 지고 사임할 것" "희생자 유가족의 생활 보장 및 부상자에 대한 충분한 치료비와 위로금을 즉시 지불할 것" "3·1사건 관련 애국 인사를 검속하지 말 것" "일본 경찰의 잔재를 청산할 것" 등 여섯 가지였

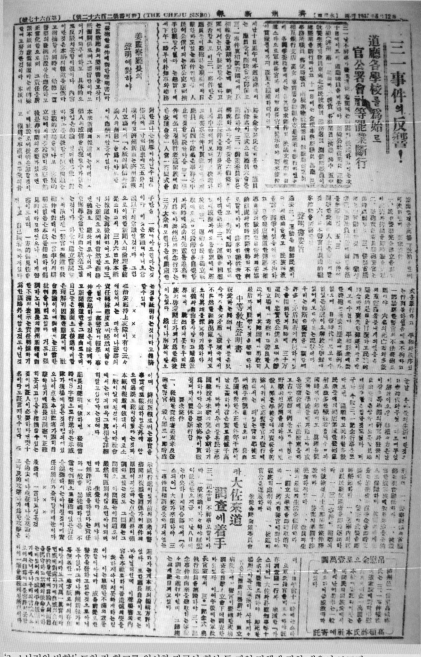

'3·1사건의 반향!' 도청 각 학교를 위시한 관공서 회사 등 파업 단행에 관한 내용이 보도된
〈제주신보〉. (1947. 3. 12.)

다. 그러나 이 건의문은 철저히 무시됐다. 사태는 급격하게 소용돌이쳤다.

총파업! 그것은 3월 1일 경찰의 발포와 이에 저항하는 민중의 의사 표시였다. 총파업은 평화적이었고 별 탈 없이 진행되었으나 곧 걷잡을 수 없는 후폭풍이 몰아쳐 오고 있었다. 경찰은 눈에 불을 켜고 총파업 주모자들을 잡아들이기 시작했다. 청년들은 이리저리 숨어 다녀야 했다. 쫓는 자와 쫓기는 자의 질주가 이어졌다. 미군정과 우익 세력에 대한 도민의 반감은 분노에 가까웠다. 우도와 중문, 종달리 등 제주 섬 곳곳에서는 주민과 경찰 간의 크고 작은 충돌 사건으로 요동쳤다.

이에 앞서 3월 8일. 미군정은 제주도로 재조선 미육군사령부와 미군정청으로 구성된 합동 조사단을 내려보냈다. 이렇게 지방에서 일어난 사건에 대해 대규모 중앙 조사단을 급하게 파견한 것은 극히 드문 일. 현역 미군 대령을 책임자로 한 조사단은 당시 목격자들을 참가시킨 가운데 현장 조사를 벌이는 한편 3·1절 기념대회의 집행부에 대해서도 조사를 하고 있었다. 그런데 제주 현지 조사를 하는 도중에 온 섬이 총파업을 선언해버리는 일이 일어난 것이다. 조사단은 파업의 원인과 배후까지 조사를 확대한다.

경찰은 미군 조사단이 내려오고서야 발포 사건에 유감의 뜻을 표했지만 곧이어 벌어진 총파업 사태에 당황하면서 다시 강경 입장으로 방향을 바꿨다.

그렇게 조사를 벌였으나 이때 미군정 조사단의 결과는 발표되지 않았다. 서울로 돌아간 뒤에도 그들은 아무런 언급을 하지 않았다. 단지 그들의 정보 보고서를 통해 '3·1사건은 경찰의 발포로 인해 도민의 감정이 크게 폭발했다는 것, 또 남로당이 대중을 선동하고 있는 것'이라고 요약했다. 여기서 총파업을 바라보는 그들의 시선을 엿볼 수 있을 뿐이다.

미군정은 사건의 원인을 찾고 문제 해결을 하려는 것보다는 좌익을 몰아내는 일에만 더 힘을 쏟고 있었다. 무엇보다 3·1사건을 좌익의 배후 조종에 의한 폭동으로 몰아붙였다.

"파업을 하는 것은 결국 조선인에게 영향이 돌아가며 미군정에는 하등 영향이 없고, 조선인 자신에게 해가 되는 것"이라는 것이다. 미군 정보 보고서 또한 제주도의 총파업에 대해 "좌익의 남한에 대한 조직적인 전술임이 드러났다. 제주도는 인구의 70퍼센트가 좌익 단체 동조자이거나, 관련이 있는 좌익 거점으로 알려졌다"고 했다. 한마디로 제주도를 붉은 사상을 가진 사람들의 땅, '붉은 섬'이라고 간주했던 것이다.

미군정 조사단이 그렇게 말없이 떠난 다음 날, 경찰 총수 조병옥 경무부장이 제주 땅을 밟았다. 총파업을 깨기 위한 해결사로 등장한 조병옥. 그는 도착하자마자 담화문을 발표한다. 그러나 그의 담화문에서는 경찰 총수로서의 해명 혹은 유감의 뜻은 전혀 찾아볼 수가 없었다. 단지 제주도민의 생명과 재산을 보호할 경비상 아주 안전한 대책을 가지고 왔다는 것을 밝혔을 뿐이다. 게다가 그는 간접적으로 3·1사건은 폭동이라고 규정한다.

파업 중인 제주도청을 방문한 경무부장 조병옥. 그는 이 자리에서 공무원들에게 파업을 중지할 것을 요구하면서 깜짝 놀랄 발언을 한다. "제주도 사람들은 사상적으로 불온하다" "건국에 저해가 된다면 싹 쓸어버릴 수 있다"는 말까지 했던 것이다.

조병옥, 그는 한술 더 떠 경찰의 발포를 정당방위로 규정했다. 더구나 3·1사건이 북한과 서로 짜고 공모한 사건이라며 제주도를 '빨갱이 섬'으로 몰아붙였다.

조병옥이 제주에 들어온 다음 날, 전남 응원 경찰 122명, 전북 응원 경찰 100명이 제주도로 달려왔다. 해방 후 38선을 넘어 남으로 내려온 이북 출신으로 구성된 철천한 반공 청년 단체인 서북청년회(이하 서청) 단원들도 대거 날아들었다. 전체 400명이 넘는 응원 경찰, 이들이 전도에 걸쳐 삼엄한 경계망을 편 가운데 "파업 주모자를 검거하라"는 조병옥의 명령에 따라 이틀 새 검거한 사람만 200여 명에 이르렀다.

엿새 만에 서울로 돌아간 조병옥. 그는 거기서 담화문을 발표한다. 어떤 내용인가. 3월 1일 구경꾼들에 대한 무차별적인 총격에 대해 "제1구경찰서(제주경찰서)에서 발포한 행위는 당시에 존재한 여러 사정으로 보아 치안 유지의 대국에 입각한 정당방위"라고 강변하면서 다만 "(제주)도립병원 앞의 2차 발포는 사려 깊지 못한 행위였다"고 얼버무린다.

결국 담화문은 3·1 발포가 정당했다고 주장하는 것이었다. 미군정과 경무부장 조병옥 등의 발언은 서서히 제주 섬에 파국이 닥쳐 오고 있음을 예고하고 있었다.

　총파업은 열흘이 지난 3월 20일을 전후해 잠잠해지기 시작하였
다. 그러나 파업에 참가했던 도민들이 직장에 복귀했다고 다 끝난
것은 아니었다. 미군정의 강경 정책으로 인해 총파업으로 검거된 제
주도민은 3월 말까지 300명, 4월 10일께는 500명에 달했다. 검거
바람은 셌다. 비좁은 유치장은 차고 넘쳤다. 숨막혔다. 남로당 제주
도당 간부도 줄줄이 감옥행. 연행된 사람들은 취조 과정에서 심한
고문을 받았고, 3·1사건 주도자들은 벌금형을 받거나 징역을 살아
야 했다.

　미군정은 3·1사건이 마무리 되어가자 고위 관리를 극우 성향의
인물로 바꾸기 시작했다. 제주도 군정 장관과 제주도지사도 새로
임명했다. 군정 장관에 러셀 베로스 중령, 초대 제주도지사 박경훈
후임엔 극우 성향의 한독당 농림부장 출신의 유해진. 1947년 4월
서북청년회 단원 7명을 호위대로 이끌고 외지에서 들어온 이 신
임 도지사 유해진은 마치 적의 소굴에 뛰어든 '호랑이'처럼 행동
했다. 응원 경찰과 서청 단원은 기세등등 활개치며 다녔다. "빨갱
이를 소탕한다"는 명분 아래 툭하면 수많은 주민을 괴롭히고 고문
했다.

　그들은 이 좁은 섬을 순식간에 폭력과 긴장의 섬으로 변모시키고
있었다. '서청'이라면 울던 아이도 눈을 크게 뜨고 숨을 죽일 정도였
다. 젊은 여성을 희롱하는 일도 심심찮게 일어났다.

서북청년회 제주도본부가 그해 11월 결성됐다. 서청의 도민에 대한 테러는 더 극성을 부렸다. 도민들의 우익에 대한 시선도 더 날카로워졌다. 제주에는 유해진의 암살을 요구하는 전단이 나돌았다. 미군 축출, 경찰 타도, 그리고 우익 저주를 요구하는 전단도 뿌려졌다.

3·1사건 직후부터 제주도에 내려오기 시작한 서북청년회. 한자로 '西北(서북)'이라고 쓰인 완장을 찬 이들은 자금 모금을 한다는 구실로 태극기나 이승만 사진 등을 주민들에게 강매하기도 했다. 1947년 말부터는 경찰과 행정기관, 교육계에 근무하는 서청 단원이 늘어났고, '좌익 척결'이란 이름 아래 서청에 의한 테러가 곳곳에서 발생했다.

이러한 서청의 탄압은 도민들로 하여금 강한 반발을 불러왔다. 이것은 머지않은 장래에 무장대의 봉기를 일으키게 하는 커다란 원인을 제공한 것이었다.

3·1사건과 총파업, 이어진 대량 검거 사태. 그야말로 제주도는 '혼돈', 그 자체였다. 제주 섬은 점점 불안의 도가니. 넓게는 동서 냉전의 거대한 검은 그림자에 휩싸이고 있었다. 그렇게 1947년이 저물어갔다. 해가 바뀌면 희망의 싹이 보일까? 허나 기대할 수도 없는, 기대하여도 되지 않는 상황이 계속되고 있었다. 3·1사건의 파장으로 붙잡힌 청년들이 극한 고문에 시달린다는 말이 섬을 떠돌았다. 그러한 고문의 증거가 곧바로 눈앞에 현실로 나타났다.

탄압, 저항의 불꽃

다시 섬은 술렁거렸다. 1948년 3월. 경찰에 연행됐던 20대 청년 3명이 경찰의 고문으로 숨지는 사건이 일어나면서였다. 조천지서에 연행됐던 김용철. 조천중학원 2학년이었던 그가 유치장에 갇힌 지 이틀 만인 3월 6일 갑작스레 숨진 것이다. 그때 쇳소리가 날 정도로 모진 매질을 당한 그의 몸은 시커멓게 멍으로 덮여 있었다. 부검 결과, 고문 때문이었음이 드러났다. 미군정의 주목을 받은 이 사건은 방첩대가 직접 부검에 참관하였고, 미군정청 사법부 소속 민간인 변호사가 진상 조사를 위해 파견되기도 하였다.

3일 동안 전 학생과 주민이 모여 장례를 치르고 난 후 민심은 더욱 악화됐다. 민중의 가슴은 확 달아올랐다. 많은 학생의 가슴엔 뜨거운 불꽃이 타오르기 시작했다. 조천중학원생들은 분노했고, 분노는 시위로 이어졌다. "학생을 살려내라!" "우리도 맞아 죽을 것 아니냐!" 사인 규명을 요구하며 저항했다. 그렇게 시위는 사나웠다. "신탁통치 절대 반대!" 전신주에 학생들이 밤중에 붙인 전단은 아침에 보면 파닥파닥 날리고 있었다.

이미 1947년에도 조천중학원 교사들이 자꾸 지서로 잡혀가자 책보따리를 들고 지서로 줄줄이 몰려가 돌멩이를 던지며 항거하던 학생들이었다.

도민들의 울분은 기름을 붓기만 하면 금방이라도 타오를 것 같았다. 이미 곪아 있던 것이 건드리기만 하면 곧 터질 태세였다. 미군정

당국은 사건의 파장을 일거에 막아보려고 고문 치사 사건과 관련된 경찰들을 군정 재판에 회부, 징역형에 처했다. 미군정은 조천지서 경찰관 5명 전원을 구속해 사태를 진정시켜보려고 했다.

허나 고문으로 인한 애꿎은 죽음은 여기서 끝난 게 아니었다. 이 무렵, 모슬포지서에서도 청년 양은하가 경찰의 고문으로 숨지는 사건이 일어났다. 그뿐이랴. 이어 서청과 경찰에 붙잡힌 한림면 금릉리의 청년 박행구도 곤봉과 돌에 맞아 초주검 상태에서 끌려가다가 총살당한 충격적인 사건이 터져 나왔다. 3·1사건 이후 끔찍한 고문은 그렇게 고개를 쳐들고 있었다.

여기에 도지사 유해진과 서청의 횡포로 제주 사회는 더 긴장감 속으로 들어가고 있었다. 도민들의 저항은 갈수록 거세졌다. 결국 미군정은 3·1사건 조사에 이어 두 번째로 특별 감찰실의 감찰을 실시한다. 미군정 장관 딘 소장은 특별 감찰실이 원하는 대로 인력의 배치와 현지 조사 등을 명령했다.

미군정은 군정 장관에게 4개항의 건의를 포함한 특별 감찰 보고서를 제출하였다. 그 건의 내용은 이렇다. "유해진 지사를 경질할 것" "제주도 경찰에 대한 경무부의 조사를 실시할 것" "미 경찰 고문관은 제59군정중대의 임무를 함께 맡을 것" "과밀 유치장에 대해 조사할 것" 등이었다.

미군정의 조사 결과, 대부분 제주도민을 좌익으로 규정한 유해진의 우익 강화 정책 같은 독선이 제주도민을 막다른 골목으로 내몰았다는 것이 밝혀진 것이다.

그럼에도 어떻게 된 일인가. '유 지사 경질' 건의는 받아들여지지 않았다. 미군정 장관 딘 소장은 노골적인 우익 강화 정책으로 현지 미군정과 제주도민의 지탄을 받고 있던 유해진을 유임시키고 말았다.

이즈음, 한반도는 긴장된 모습이었다. 미국과 소련이 개입한 가운데 통일국가로 갈 것인가, 아니면 분단국가로 갈 것인가를 두고 극렬하게 대립하고 있었던 것이다. 미군정은 남한만의 단독선거인 5·10선거 강행을 결정했고, 정국은 혼란으로 치닫고 있었다. 김구·김규식 등 민족 지도자들도 단독선거 반대에 나섰다. 그러나 미군정 수뇌부는 당시 이 격동하는 냉전의 흐름 속에서 단독정부 수립을 들고 나온 이승만을 선택했다. 그들의 최대 관심사는 단독선거를 성공적으로 치러내는 것이었다.

때문에 미군정으로서는 유해진이 필요했다. 좌익의 근거지로 보아온 제주도에서 좌익 세력을 탄압하는 극우파 유 지사의 정책이 남한의 단독정부 수립을 위한 선거에 필수적이라고 보았던 것이다.

이때 미군정으로부터 철저한 탄압 대상이 됐던 좌파 계열의 남로당 제주도위원회는 갈등과 고민에 빠졌다. 결국 저항하는 민심을 전국적으로 벌어진 5·10선거 반대 투쟁과 연계시키고자 했다. 이러한 결정에는 민족 분단을 강하게 반대하는 대중의 분위기도 작용했다.

남로당 제주도위원회 강경파는 '5·10선거는 통일을 가로막는다'는 논리를 폈고, 이것은 대중을 끌어들일 수 있는 좋은 명분이 된 것이다. 단독정부가 수립된다면 당이 존립할 수 있는 기반 자체가 무너지기 때문에 조직을 수호하는 차원에서도 필사적으로 단독선거를 막아야 한다고 주장한 것이다.

당시 좌익 신진 세력의 강경파 대표 인물은 20대의 청년 김달삼. 본명은 이승진. 대정중학원 교사였던 그는 1947년 3·1사건 때 남로당 대정면당 조직부장으로 급부상한 인물이지. 그는 무장투쟁이 결정된 다음에는 무장대 조직을 총괄하는 군사부 책임을 맡게 된다. 급기야 남로당 제주도위원회는 움직이기 시작했지.

1948년 1월 초부터 한반도 문제에 대한 미국의 입장은 '가능한 지역에서의 총선거' 실시로 굳어져갔다. 남한 단독선거 계획이 명백해졌다. 남로당은 단독선거를 저지하기 위한 강력한 투쟁 계획을 세웠는데, 이는 1948년 2월 7일을 기해 전국을 총파업으로 몰고 간 이른바 '2·7구국투쟁'이었다. 제주 지역에서도 2·7투쟁 방침에 따라 각 지역에서 시위 등 소요 사태가 발생했다.

1948년 3월 초 조천면 신촌리 어느 민가. 남로당 제주도위원회가 비밀리에 회의를 열고 있었다. 19명의 면당 책임자가 모인 이른바 '신촌회의'. 이날의 논쟁은 지금의 사태에 대해 싸울 것인가, 앉아서 더 지켜볼 것인가였다. 강경파와 온건파, 두 패로 갈린 채 칼날 같은 논쟁과 논쟁이 이어졌다. 한순간의 결정이 엄청난 유혈 사태를 몰고 올지도 모를 일이었기에 예민했고, 엄정해야 했다. 결과는 12대 7. 강경파의 "나가서 싸우자"는 무장투쟁이 결정됐다.

섬의 생사를 가르는 중요한 이 회의가 진행되는 날, 남로당 중앙당의 지령은 없었다. 무장봉기는 제주도위원회에서 결정했던 것이다. 그리고 그날이 오고 있었다.

긴장된 대지에도 꽃망울 환하게 벙그러지며 4월이 왔다. 그러나 꽃 피는 소리로 술렁거려야 할 제주 섬은 소리 죽인 싸늘한 비장감으로 가득 차 있었다.

미곡 수집령과 10·1대구사건

미군정은 일제시대를 청산하지 못한 모리꾼들이 쌀을 쟁여두는 바람에 식량난이 발생하자 이를 해결한다며 1946년 봄 '미곡수집령'을 발표했다. 더구나 1946년 7, 8월엔 보리와 밀처럼 여름에 거두는 곡식까지 내라는, 일제 때도 없던 '하곡수집령'까지 내렸다. 이는 농촌의 쌀을 강제로 징수하기 위한 것이었고, 헐값으로 사들이는 것이어서 민중의 불만이 컸다. 더구나 일제 시기 공출을 경험했고 생활고에 시달리는 농민의 원성은 드높았다. 경찰은 쌀을 거두려고 집집마다 곳간을 뒤졌고, 이에 분노한 민중은 그해 10월 1일 대구역 등지로 나가 저항의 시위를 벌였다. 이때 경찰이 시위대에 직접 발포하거나 주동자를 조사하면서 유혈 충돌이 발생, 이 과정에서 대구·경북에서만 100여 명이 사망한 것으로 알려졌다. 이것이 이른바 10·1대구사건이다. 친일파, 그중에서도 친일 경찰에 대한 강한 적대감이 팽배했으며, 해방이 됐으나 여전히 어두운 시대상 등이 겹치면서 일어난 이 사건은 일련의 운동 차원이 돼 전국적으로 번져나갔다. 이로 인해 좌파와 우파 간의 이념 갈등을 불러왔다.

트루먼 독트린과 마셜플랜

제2차 세계대전이 끝나면서 세계는 미국과 소련 중심으로 갈등하는 냉전 체제가 만들어졌다. 1947년 3월 미국의 해리 트루먼 대통령은 의회에서 미국의 외교정책을 선포하며 전 세계 자유국가를 지지할 것을 세계에 알렸다. 그리스와 터키에서 소련의 팽창을 그대로 두고 보지 않겠다는 생각이었다. 이른바 트루먼 독트린(Truman Doctrine). 이에 의하면 세계는 민주주의와 전체주의라는 두 개의 생활 방식 중 하나를 선택하도록 강요받고 있는 상황이므로 무장한 소수파나 외부의 개입에 맞서 싸우고 있는 나라에 대해 군사·경제적 지원을 하는 것이 미국의 선택이 돼야 한다는 것이었다.

이어 미 국무 장관 조지 마셜은 1947년 6월에 유럽 공산주의에 대항하기 위해 서유럽 자본주의 국가의 경제 부흥을 지원하는 데 나섰다. "전 세계는 중대한 시련을 맞고 있으며, 특히 유럽은 심각한 경제적 사회적 정치적 난관을 헤쳐나가기 위해 미국의 원조를 필요로 하고 있다"며 유럽에 대규모 원조 제공의 뜻을 밝히고 차관을 빌려준 것이다. 이것이 마셜플랜(Marshall plan)이다.

미소공동위원회와 유엔한국임시위원회

1946년 3월 20일 모스크바삼상회의 결정에 따라 제1차 미소공동위원회 (미소공위)가 열렸으나, 이 회의는 임시정부 수립에 참여할 협의 대상 문제를 둘러싸고 논란을 거듭하다 끝내 결렬됐다. 당시 소련은 모스크바삼상회의 결정에 반대하는 정당, 단체와는 협의를 할 수 없다고 주장했고, 미국은 '표현의 자유'를 내세워 반대했다. 결국 미소는 이러한 대립을 좁히지 못했고, 마침내 미소공위는 5월 6일경부터 휴회 상태에 들어간다. 1947년 5월에 열린 2차 미소공위도 미국과 소련이 의견 대립을 보이다가 또다시 결렬됐다. 미국은 2차 미소공위가 휴회되자, 소련의 반대 속에서 한국 문제를 유엔에 이관했다. 결국 유엔은 1947년 11월 14일 한국 문제를 의제로 채택하고 인구 비례에 따른 남북한총선거를 실시하기로 결정했다. 또한 선거 과정을 감시하려고 미국이 지명한 7개국으로 유엔한국임시위원단(UNT-COK)을 만들었다. 1948년 1월 8일 유엔임시위원단이 남한에 입국했으나, 소련과 북한의 반대로 북한에는 들어가지 못하자, 남한 단독선거를 실시하기로 결정했다. 이러한 상황 속에서 좌익 세력은 1948년 2월 7일 '유엔임시위원단 반대, 단독선거, 단독정부 반대, 미소 양군 철수' 등을 요구하며 이른바 '2·7투쟁'을 벌였으며, 이는 제주4·3사건, 5·10단독선거 반대 운동으로 확대되어나갔다.

폭풍
속으로

1948년 4월 3일!

'메이데이'

ⓒ 강요배, 〈봉화〉
50.0×130.6cm, 종이·목탄, 1991년

죄 없이 독한 고문과 매로 비명에 죽어간 아들을 둔 어머니들의 가슴은 숯이 되고도 남았단다. 아흔 살이 될 때까지 돌아오지 않는 아들을 이제나저제나 기다리던 한 어머니는 아들이 문을 열고 들어오는 꿈만 꾸다 아기 주먹만 한 혹을 목에 매단 채 세상을 떴단다. 열여덟 신혼의 새댁은 혹여 돌아오지 않는 남편이 문 열고 들어오는 발소리만 환청처럼 듣고 있었단다. 젊은 아들을 둔 부모들은 전전긍긍 불안한 밤을 보내야 했지.

3·1사건 이후 마을 젊은이들 가운데는 서둘러 정든 집을 떠나는 이들이 많았지. 시위 참여 혐의를 받고 옥살이를 한 사람도 생겨났고, 경찰과 서북청년회 단원에게 쫓기는 신세가 되었으니 말이다. 생으로 곤욕을 치르게 된 이가 많았지. 어떤 사람들은 육지로, 혹은 여유가 있는 사람들은 몰래 일본으로 피신하기도 했다. 혹은 국방경비대를 도피처로 삼아 입대한 사람도 생겨났으며, 산으로 올라 '산

사람'이 된 이도 생겼다. 살기 위해서였다. 바로 4·3이 일어나기 직전의 일이지.

그렇다면 그날이 언제였냐고 묻는구나. 역사는 한밤중에 이뤄진다 했는가. 그날도 그랬다. 폭풍 직전의 제주 섬, 섬 사람들 대부분 깊은 잠에 빠져 있었지. 한라산도 제 몸을 감추고, 잿빛으로 잠겨 있었다. 그날 밤, 어떠한 일이 벌어질 것인지 어떻게 알았겠는가. 폭풍우가 곧 휘몰아칠 것을 누가, 어떻게 알았겠는가.

칠흑 같은 밤. 초봄이지만 새벽의 싸늘한 기운이 온 섬을 휘돌고 있었단다. 그 시각, 바로 그때였다.

1948년 4월 3일!

1948년 4월 3일 새벽 2시. 한라산이 불을 켜고 있었다. 어미 같은 한라가 품고 있었던 오름들, 볼록볼록 꾸물거리는 듯한 그 봉우리마다 일제히 벌건 불이 올라왔다. 타오르던 불들은 한참 후에야 서서히 사라졌다. 그들은 밤새 그 시간을 기다렸을 것이다.

그것은 소위 산으로 간 무장대가 피워 올리는 불, 봉화였다. 남로당 제주도위원회가 주도한 무장봉기의 신호탄이었다. 봉화 신호가 떨어지자 무장대는 공격을 시작했다. 도내 24개 경찰 지서 가운데 12개 지서, 서북청년회 숙소 등 우익 단체 요인의 집과 사무실이 표적이었다.

이날, 무장대는 제주도민들을 향해 2개의 성명을 발표한다. 아래는 제주도 인민유격대, 이른바 무장대가 제주도민들에게 보내는 '호소문'이다.

시민 동포들이여!
경애하는 부모 형제들이여!
'4·3' 오늘은 당신님의 아들 딸 동생이 무기를 들고 일어섰습니다. 매국 단선 단정을 결사적으로 반대하고 조국의 통일 독립과 완전한 민족 해방을 위하여! 당신들의 고난과 불행을 강요하는 미제 식인종과 주구들의 학살 만행을 제거하기 위하여! 오늘 당신님들의 뼈에 사무친 원한을 풀기 위하여! 우리들은 무기를 들고 궐기하였습니다. 당신님들은 종국의 승리를 위하여 싸우는 우리들을 보위하고 우리와 함께 조국과 인민의 부르는 길에 궐기하여야 하겠습니다.

다음의 호소문은 무장대가 공격 대상으로 삼았던 경찰·공무원·대동청년단 단원들을 향해 보내는 '경고문'이다.

친애하는 경찰관들이여!
탄압이면 항쟁이다.
제주도 유격대는 인민들을 수호하며 동시에 인민과 같이 서고 있다.

양심 있는 경찰원들이여!

항쟁을 원치 않거든 인민의 편에 서라. 양심적인 공무원들이여!

하루빨리 선을 타서 소여된 임무를 수행하고 직장을 지키며 악질 동료들과 끝까지 싸우라. 양심적인 경찰원, 대청원들이여! 당신들은 누구를 위하여 싸우는가? 조선 사람이라면 우리 강토를 짓밟는 외적을 물리쳐야 한다. 나라와 인민을 팔아먹고 애국자들을 학살하는 매국 매족노들을 거꾸러뜨려야 한다. 경찰원들이여! 총부리란 놈들에게 돌리라. 당신들의 부모 형제들에게 총부리란 돌리지 말라. 양심적인 경찰원, 청년, 민주 인사들이여! 어서 빨리 인민의 편에 서라, 반미 구국 투쟁에 호응 궐기하라.

"탄압이면 항쟁이다!" "단독선거·단독정부 수립을 결사적으로 반대한다!" "반미구국투쟁에 나서자!" 이것이 두 성명의 요지였다.

호소문은 우선 경찰과 우익 청년단의 탄압에 저항하겠다는 뜻을 강하게 드러냈다. 그것은 항쟁을 의미했다. 둘째는 경찰과 서청의 횡포에 맞서 싸우겠다는 데서 몇 걸음 더 나아가 단독선거, 단독정부를 해선 안 된다, '반쪽 조국은 안 된다'는, 통일 조국에 대한 간절한 소망을 깔고 있었다. 그러니까 통일 정부로 가야 한다는 것이 4·3의 구호였다. 셋째는 새로운 지배자로 등장한 미군정에 대한 저항. '반미 투쟁'이라는, 정치적인 색채를 분명히 표출하고 있었다.

호소문에서 뚜렷하게 내세운 슬로건은 탄압에 저항하고, 통일국가 건립을 가로막는 5·10단독선거를 반대하며 외세에 저항한다는 것이었다.

이날 공격을 한 무장대는 300명가량. 이들의 급습으로 민간인 8명과 경찰 4명, 무장대원 2명이 희생되었다.

미군정은 당혹스러웠다. 4·3봉기 바로 전날은 주한미군사령관 하지 중장이 산하 지휘관들에게 성공적인 선거 실시가 '미 사절단'의 핵심 성과라고 강조한 날이었기 때문이다. 군정 장관이 선거 감시 및 집행에 책임이 있다는 내용의 전문을 지휘관들에게 보낸 다음 날 이 무장봉기가 일어난 것이다.

이날의 무장봉기는 제주 섬에 불어닥칠 기나긴 피바람을 예고하고 있었다. 4월 3일 이후 봉화는 이따금 오름 곳곳에서 피어올랐고, 마을에는 나무 판때기에 먹으로 쓴 '단선반대'가 툭툭 떨어지기도 했다.

제주 읍내 중학교에서는 4월 7일 자로 학생들에게 '통학 증명서'를 발급했다. 해방 후 나이든 학생들이 많았던 탓에 등하교 때 학생들이 애꿎게 경찰관에 붙잡혀 가는 일이 발생할지 몰라서였다. 이때 학생들도 좌익 세력의 민주애국청년동맹(민애청)이나 우익 세력의 대동청년단 등에 들어갔다. 학생들은 좌익이 무엇이고 우익이 무엇인지, 민주주의가 무엇이고 공산주의가 무엇인지 모르지만 어쨌든 살기 위해 어디든 붙어야 할 판이었다.

5·10선거의 성공적 실시를 지상 목표로 삼은 미군정. 그런 만큼

그들은 이 사건의 대응에 민감했고 강도가 높았다. 미군정은 안으로는 경찰의 파견과 경비대 병력을 갖추며 육지 경찰 1700명을 제주로 내려보내고 있었다. 또한 서청 단원 500명을 제주로 보냈다.

그러나 응원 경찰 등에 의한 무지막지한 작전은 민심을 자극시킨다. 이 작전은 수많은 도민을 오히려 산으로, 산으로 피신하게 만들었다. 분노는 더욱더 거세지고 있었다.

이때 미군정은 모슬포에 창설되었던 경비대 제9연대에도 진압 작전에 참여할 것을 명령했다. 그러나 제9연대는 이 사건을 제주도민과 경찰 및 서청, 극우 청년 단체 사이의 충돌로 여겼다. 제9연대는 '선 선무, 후 토벌', 처음엔 회유하고 그다음에 토벌한다는 원칙을 세우고 무장대와의 평화적인 해결 방안을 모색하려고 한 것이다.

본격 진압 작전을 추진하는 미군정은 4월 말 두 차례에 걸쳐 대대적인 수색 작전을 펼친다. 정찰을 위한 연락기를 띄워 상황을 파악하고 제주읍 부근을 수색했다. 그러면서도 한편으론 무장대 지도자와의 평화 협상을 추진하고 있었다. 이때 그들은 이 사태를 어떻게 해결하고자 했던 것인가?

'메이데이'

1948년 4월 28일. 제주도 서남부 대정면 구억초등학교 교원실에서는 제9연대장 김익렬과 무장대 총책 김달삼 간의 팽팽한 담판이 벌어지고 있었다. 4·3 무장봉기를 평화적으로 해결할 방안은 없는가?

우여곡절 끝에 이뤄진 이날의 협상은 4·3에 있어서 매우 중요한 갈림길이었다. 새파란 20대의 김익렬과 김달삼. 때론 거칠게 때론 날카롭게 신경전이 오가면서 4시간 동안 불꽃 튀는 논쟁이 오갔다. 그렇게 진행된 이날 회담에서 이들은 결국 타협점을 끌어냈고, 전투 중지를 합의한다.

우선 72시간 안에 전투를 완전 중지할 것. 산발적인 충돌이 있으면 연락 미달로 간주하고 5일 이후의 전투는 배신 행위로 본다는 것. 이것은 그 합의의 첫 번째 조건이었다. 둘째, 무장해제는 점차적으로 하되 약속을 위반하면 즉각 전투를 재개한다. 셋째, 무장해제와 하산이 이뤄지면 주모자들의 신병을 보장한다는 것이었다.

그러나 결론부터 말하자면 이날의 평화 협상은 결국 실패로 돌아간다. 예측할 수 없던 일이 벌어진 것이지. 이 일이 있은 지 불과 사흘 만인 5월 1일. 오전 9시경 제주읍 오라리. 전날 무장대에게 피살된 여인의 장례식이 열리고 있었다. 경찰 서너 명과 서청·대청 단원 30여 명이 참여했다. 매장이 끝나자 트럭은 경찰관만을 태운 채 돌아갔다. 오라리 출신 대청 단원 등 우익 청년 단원들은 그대로 있었다.

이들은 오라리 마을로 들어가면서 좌익 활동가로 알려진 사람들의 집을 골라 5가구 12채의 민가를 불태웠다. 오후 1시경, 우익 청년 단원들이 마을을 빠져나갈 때였다. 무장대 20명가량이 총과 죽창을 들고 이들을 추격한다. 이때 인명 피해는 없었지만 이 시각을 전후해 마을 어귀에서는 이 마을 출신 경찰관의 어머니가 피살되었다.

다시 무장대가 떠난 오후 2시경, 경찰기동대가 나타나 총을 쏘며 진입했다. 그러자 주민들은 산 쪽으로 와다닥 도망쳤고, 이때 한 여인이 경찰의 총에 맞아 숨졌다.

아무튼 이 '오라리방화사건'에 대해 김익렬 연대장은 경찰의 후원 아래 일어난 서청·대청 등 우익 청년 단체들이 저지른 방화라고 미군정에 보고했지. 그러나 김익렬의 보고는 철저히 묵살당한다. 경찰 측에서는 무장대의 행위라고 주장했다.

가장 먼저 내 목숨을 희생해서라도 평화 협상을 이끌어내야겠다고 했던 김익렬로선 어이없는 일이기도 했다. 미군정의 통제 아래 있던 군인들이었지. 제주 주둔 맨스필드가 위에 있고, 그 위에 딘 군정 장관, 그 위에 하지가 있는데, 그 지휘 계통을 무시하고 어떻게 협상을 할 수 있겠는가. 자신의 목숨 걸고 허가 받은 협상이었으니 말이다.

그런데, 참 기이한 일이 벌어졌다. 이 사건은 미군 촬영반에 의해 동영상으로 생생하게 찍혀 있었다는 것이지. 미국립문서기록관리청에 보관된 4·3 기록영화인 〈제주도의 메이데이〉 동영상은 불타는 마을 오라리를 공중에서 찍고 있다. 오라리로 진입하는 경찰기동대의 모습도 보인다.

뒤이은 5월 3일. 귀순자들을 향해 괴한들이 총을 발포한 사건이

불타는 오라리 마을. 미군 정찰기가 공중에서 촬영한 이 모습은 기록영화의 한 장면으로
나온다. (1948. 5. 기록영화 〈제주도의 메이데이〉)

벌어진다. 나중에 이 괴한들은 경찰서 소속이라는 것이 밝혀졌지만,
경찰에선 이 사건을 경찰을 가장한 무장대의 기습 사건이라고 주장
했지. 끝내 이날 미군이 경비대에게 총공격을 명령하면서 협상은 깨
졌다. 이후 제주도는 걷잡을 수 없는 유혈 사태로 치닫게 된다.

　4·28평화협상에 참석했던 9연대 이윤락 중위, 그는 뒷날 "오라리
사건은 단순한 사건이 아니라 제주 학살을 점화시킨 역사적 계기가
된 사건"이라고 회상했지.

　5월 5일. 군정 장관 딘 소장은 비밀리에 김익렬, 조병옥 등이 참석
한 가운데 긴급 제주 회의를 연다. 그러나 이 최고 수뇌부 회의에서

조병옥 경무부장이 경찰의 실책을 주장하는 김익렬 연대장을 공산주의자로 몰아붙이며 육탄전을 벌였고, 평화적 해결 방안 찾기는 물거품이 되고 말았다. 다음 날, 김익렬 연대장은 전격 해임되었지.

후임엔 박진경 중령. 수원에서 창설된 11연대가 추가 파견된 것이다. 박진경, 그는 연대장 취임 때 "폭동 사건을 진압하기 위해서는 제주도민 30만을 희생시키더라도 무방하다"는 발언까지 한 인물로 전임 김익렬 연대장의 증언록에 기록된 사람이다. 이제 강경 진압만이 기다릴 뿐이다. 이러한 연대장 교체는 5·10선거를 앞두고 제주 사태를 조기 진압하기 위한 미군정 수뇌부의 조치였다. 무장대 측도 강경책으로 일관하고 있었다.

4월 3일의 무장봉기 이후, 한라산은 인간의 손에 의해 오랜 세월 자물쇠로 채워지는 몸이 되었고, 그동안 제주 섬이 간직해왔던 아름다움은 온갖 고통의 곡절로 채워지게 되었으며, 제주 섬은 자신의 의지와는 상관없이 폭풍우 속으로 빨려들고 있었다.

온 섬이 눈부시도록 찬란한 봄날, 산야는 봄물로 질펀하였으나 핏빛 울음을 머금어야 했다. 시리도록 푸른 섬의 4월은 그렇게 급격히 스러져갔다. 섬은 끝내 무참하게 짓밟힐 위기에 놓여 있었다.

잠 못 이루는 섬

4

거역하는 한라산

섬은 캄캄한 요새, 해안선을 봉쇄하라

포고령 "해안선으로부터 5킬로미터!"

젊은 것이 죄

ⓒ 강요배, 〈한라산 자락 사람들〉
112.0×193.7cm, 캔버스·아크릴릭, 1992년

몽실몽실 구름이 한라산 허리를 휘감아 돌고 있는 연둣빛 혹은 진
초록 산자락. 그 아래 삼삼오오 정담을 나누는 사람들, 아이를 안은
아낙네, 고사리를 꺾는 단발머리 소녀, 뛰노는 아이들…. 화가 강요
배의 이 그림을 보고 네가 물었지? 소풍 나온 풍경이냐고. 얼핏 보
면 그렇구나. 눈이 시리도록 파릇한 봄 들은 흡사 소풍 나온 사람들
처럼 북적거리고 있구나.

그러나 조금만 자세히 들여다보자. 한라산을 바라보는 사람들의
표정이 예사롭지가 않음을 알 것이다. 뭔가 알듯 말듯 불안감과 기
대감이 깃든 표정이고, 한 켠에선 막대기를 들고 보초 서는 사람들
도 보인다.

그때가 아니라면 그들은 소풍을 간 것이고, 그림은 아름다운 한
폭의 풍경화였을 것이다. 그러나 그것은 화가의 〈제주민중항쟁사〉
연작 가운데 하나인, 4·3을 상징하는 그림, 〈한라산 자락 사람들〉이

란다.

그 사람들은 남한만의 단독선거, 곧 닥쳐올 5·10선거를 거부하기 위해 오월의 푸른 산으로 깃든 사람들이었지. 그러고 보면 백성들은 과연 어디가 이길까? 정말 꿈꾸는 새 세상이 올까? 점치고 있는 듯이 보이지.

거역하는 한라산

그 오월, 사람들은 마을 가까운 오름 혹은 그 못 미치는 숲에서 얼기설기 움막을 짓고 잠시 피난 생활을 했다. 손에 손에 보따리와 대바구니를 든 사람들, 아이를 업고 안은 사람들의 행렬이 이어졌다. 말과 소도 짐을 실어 날랐지. 가재도구와 일주일치가량의 식량을 들고 산으로 올랐다. 걸을 수 있는 자들은 거의 모두 산에 올랐다. 무슨 일이 일어날지 아무것도 모르지만 불안해서 남들 따라 산으로 오른, '눔의 대동(남들 따라서 함께하는 행동)'이란 말처럼 말이지. 순리대로라면 누릿누릿 익어가는 보리밭에 손이 갔을 계절이었다.

어쨌든 산으로 오른 저 사람들은 누구일까? 왜 주민들은 집을 떠나 한라산 자락으로 올랐던 것일까? 그건 무장대가 단독선거를 무산시키기 위해 선거일에 앞서 주민들을 미리 산으로 올려보낸 것이지. 이때를 살았던 제주시 봉개동 한 체험자의 이야기를 들어보자.

5 · 10선거 반대를 위해 산에 올랐던 주민들이 억새풀과 소나무 가지로
얼기설기 거처를 만들어 살고 있다. (1948. 5. 미국립문서기록관리청 소장)

5 · 10선거 때 우린 전부 산으로 피난 갔어요. 4월 말쯤에 다
피난 갔어. 동네에서는. 그때는 선거를 반대해야 된다고 해가
지고 간 거지요. 반대하는 이유는 하여튼 단선 반대로, 반대
를 하도록 산에서 완전히 몰아간 거지요. 주민들은 타의에 의
해서…. (그러나) 주민들도 분단이 되는 걸 원치는 않았지요.
… 그렇게 5, 6일 정도 살았을 겁니다. 선거 가까워서 올라가
서 선거 끝나니까 바로 내려가라 해서 내려왔지요.

미군정은 더욱 초조했다. 그들이 보기에도 제주도는 다른 지방과

는 다를 것이 뻔했다. 긴장하지 않을 수 없었다. 단독선거·단독정부 수립을 반대하며 4·3 무장봉기가 발발한 지역이 아닌가. 때문에 선거를 반대하는 좌익의 공세가 거세질수록 미군정과 경찰의 공세 또한 치열했던 것이지.

이윽고 5월 10일. 남한만의 단독정부 수립을 위한 선거일이 밝았다. 비가 추적이는 날이었다. 선거 거부를 위해 산으로 피신한 사람들도 힘든 날을 보내야 했다. 제주 도내 13개 읍·면 가운데 7개 읍·면에서 각종 선거 반대 활동이 벌어졌다.

무장대는 중문·표선·조천 등지의 투표소를 공격했고, 이 과정에서 무장대 측 21명, 경찰 1명, 우익 인사 7명이 숨졌다. 무장대는 선거 관계 공무원을 납치하는가 하면 선거인 명부를 탈취해 갔다. 이날 우익 인사와 선거 반대 세력의 인명 피해는 전국에서 가장 심했다.

제주도민의 선거 거부 움직임을 눈앞에서 본 미군정. 그들은 사태의 심각성을 느끼고 직접 선거에 개입하기도 했지. 미군은 제주도에서 선거 현장 감시는 물론 선거에 앞서 투표함 수송과 점검 등에도 직접 관여했다.

대흘, 와흘, 와산 등 관내 중산간 마을로 투표함을 운반하지 못해 고민하는 면장을 위협하기도 했지. 무사히 선거를 치르는 것이 목표였던 미군정은 경비대의 증강, 미군정 작전 참모의 방문, 딘 소장의 두 차례에 걸친 방문 등을 통해 총체적인 노력을 기울였다. 그들은 크게 노심초사, 긴장했다.

결국 전국 대부분의 도시에서 소요와 유혈 사태가 빚어졌지만 이날 제주도는 전국에서 유일한 5·10단독선거 거부 지역으로 역사의 장에 기록되었다. 이것은 해방된 땅에서 '조국이 쪼개지는 것은 안 된다'는 제주도 민중의 마음이 강하게 표출된 것이었지.

제주도를 제외한 모든 지역의 투표는 그런대로 투표율 과반수를 넘겼다. 때문에 200석의 총의석 수 가운데 제주도의 3개 선거구 중 2개 선거구가 무효. 제헌의회는 198명의 국회의원으로 출범하게 되었지. 허나, 제주도 선거 결과는 미군정의 입장에서는 실패였다. 그들에겐 치명타였다. 제주도의 선거 거부는 미군정에 대한 심각한 도전이었으니 말이다. 경무부장 조병옥은 극렬하게 제주도의 이 사태를 비난했다.

당혹한 미군정은 5·10선거 후 제주도 민중들을 탄압하는 정책을 진행시켰다. 이후 경찰 등 토벌대는 숨어버린 청년들을 찾기 위한 노력 동원을 벌이지. 또한 자수 공작 등이 경찰에 의해 벌어지면서 많은 중산간 마을 주민이 희생되었다.

5월 20일경, 미군정은 야전군 출신의 브라운 대령을 제주 현지 최고사령관으로 파견한다. 경비대와 해안경비대, 경찰, 미군을 통솔하도록 했다. 제주도 선거의 좌절로 자신들의 '카리스마(권위)'가 땅에 떨어진 미군정이었다. 때문에 제주도 사태를 무력으로 진압하고, 재선거를 성공적으로 치르겠다는 강한 의도였다.

이즈음, 제주도지사 유해진이 해임된다. 그토록 미군정 수뇌부가 경질을 꺼려하던 유해진을 4·3이 발발하고 나서야 비로소 바꾼 것

산으로 피신한 사람들. 주로 어린이와 여인들의 모습이 보인다.

(1948. 5. 미국립문서기록관리청 소장)

이다. 그러나 이렇게 늦은 경질은 미군정 인사 정책의 결정적인 실책이었다. 후임은 제주 출신으로 제주도청 3·1사건 파업대책위원장이었던 임관호. 이어 제주경찰감찰청장이 최천에서 제주 출신 김봉호로 교체됐다.

그럼에도 제주도 사태는 진정될 기미가 보이지 않았다. 6·23재선거마저 치를 여건이 되지 않았다. 결국 선거는 무기한 연기. 강력한 진압 작전 끝에 '점령 기간 내 가장 핵심적인 성과'라던 선거가두 번씩이나 실패했다. 미군이 남한을 점령한 이후 제주도에서처럼격렬한 저항에 부딪혀본 것은 처음 있는 일이었다. 그것은 '힘의 정책'을 내건 미국의 위신을 여지없는 나락으로 떨어뜨렸다. 더욱이 제주도의 단독선거 실패는 제2차 세계대전 후 미국이 추구해왔던 한국에 대한 정책이 실패라는, 상징적인 의미가 돼버렸다.

한라산 진달래는 검붉은 계절을 토하고 있었으나 그 산기슭 사람들은 한 톨의 희망마저 붙잡을 수 없었다. 지독한 허기와 두려움 속에 희고 노란 풀꽃이 앞다퉈 자지러지게 피어난 봄날, 사람들의 삶은 허둥지둥 쫓기는 날의 연속이었다. 이때 한 신문은 제주도 상황을 이렇게 묘사했다.

> 농림기임에도 들판에서 볼 수 없는 촌민을 만나려 일행은 부득이 마을로 들어갈 수밖에는 없었다. 철갑 군대 무장을 빌려 입은 일행의 모양을 무엇으로 인정하였는지 길에 서 있던 마을 사람들은 피하는 듯 집 안으로 들어간다. 순박하여야 할 그들의 표정이 왜 이다지도 공포와 회의의 빛에 말없이 어두우냐. 이 마을 역시 한 번 산으로 올라갔다 돌아온 사람들이다. … 다시 부락으로 돌아왔지만 옷을 벗고 밤잠을 잔 적이 없었다.
>
> — 〈조선중앙일보〉 1948. 6. 10.

누구인가. 누가 '순박하여야 할 주민들의 표정을 왜 이다지도 공포와 회의의 빛'으로 만들었는가.

날이 설 대로 선 미군정은 더 한층 강력한 진압 작전의 깃발을 들어 올렸다. 제주도 사태를 진압하고, 6·23재선거를 성공적으로 실시해야 할 사명을 띠고 파견된 브라운 대령. 그는 4·3 발발 초기 진압 작전을 기획하고 실행에 옮긴 핵심 인물이지. 그는 "원인에는 흥미가 없다. 나의 사명은 진압뿐"이라는 호언을 하면서 섬을 빗질하듯 싹쓸이하는 전략을 취하고 있었다.

첫째, 경찰은 한라산을 중심으로 한 주변 도로로부터 4킬로미터까지 사이에서 치안을 확보하는 임무를 수행 중이다.
둘째, 국방경비대는 제주도의 서쪽으로부터 동쪽 땅까지 휩쓸어버리는 작전을 진행시키고 있다.

그는 이렇게 자신의 전략 그림을 제주도 정세와 관련해 가진 기자회견에서 공개했다. 그러나 한라산을 관통해 제주도의 서쪽 끝에서 동쪽 끝까지 이르게 한 소탕 작전은 무고한 민간인의 대량 체포만 불러온 강경 진압에 지나지 않았다.

5, 6월 보리농사를 짓던 조천리 한 여인은 토벌대가 올라오는 것에 겁이 나 보리밭에 숨다가 경찰에 들켜 총을 맞아 죽었고, 짚신 삼던 어떤 농부는 총소리와 함께 군인들이 집으로 들이닥치자 도망가려다 붙잡혀 희생당하는 등 까닭 없이 애꿎은 죽음이 이어졌다.

5월 22일부터 6월 30일까지 검거된 주민만 5000여 명에 달했다. 도민들은 경비대와 경찰의 위세에 눌려 공포감에 떨어야 했다. 한

제주경찰감찰청 정문에서 캘리버 자동소총(30구경 기관총)으로 무장한
한국인 경찰관이 경계를 서고 있다. (1948. 5. 1. 미국립문서기록관리청 소장)

편, 이 무렵 제주농업학교에 포로로 잡혀갔던 사람들은 석방될 때
영문과 한글로 표기된 명함 크기의 '증명서'를 받고서야 풀려날 수
있었다.

　신임 박진경 연대장. 그의 토벌 전략 역시 결코 만만치 않았다. 무
자비하고 대대적인 강경 진압 위주의 작전을 전개하고 있었다. 주민
들은 초여름인데도 달달 떨어야 했다. 불안한 주민들은 더욱 산으
로, 계곡으로 도망쳐야 했다.

　그러나 박진경은 오래가지 않았다. 6월 1일 대령으로 고속 진급

한 후, 진급 축하연을 가진 이튿날인 6월 18일 새벽 그는 그의 부하 문상길 등에 의해 암살당한다.

미군정 수뇌부는 큰 충격에 빠졌다. 무엇보다 브라운 대령이 제주도 최고 지휘관으로 내려와 경비대와 경찰의 작전을 진두지휘하는 과정에서 이 일이 일어났기 때문이었다.

1948년 7월경, 제주의 경찰 병력은 약 2000명으로 불어났다. 더욱이 '제주는 빨갱이 섬'이라는 선입견을 가진 응원 경찰이 대거 파견돼 옴으로써 사태는 악화될 대로 악화되고 있었다. 이즈음, 경찰이 주민들에게 가한 행위는 가혹했다. 이때 중앙 언론의 한 특파원은 제주도의 민심을 이렇게 전한다.

부락민 40~50명이 지금 경비 전화선 복구와 지서 돌담 구축 공사 부역으로부터 돌아온다. 맥없이 일행 앞을 지나던 그네들이 제주 출신의 일행의 말에 순시로 사방을 둘러싸고 울음의 바다를 이루고야 만다. 들고 있던 괭이를 돌 위에다 두드리면서 "죽으려야 죽을 수 없고 살려야 살 수 없다"고 울부짖는가 하면 공포와 울분에 북받친 60대 노파는 무어라 문표를 가리키며 가슴을 두드린다. 붙어 있던 집집 문표가 하룻밤에 없어지자 전부락민이 지서에 인치되어 난타당하였고 또한 학대받고 있다 한다. 죄는 폭도에 있는 것인가, 부락민에 있는 것인가. 총소리는 잠잠한데 주름 잡힌 이맛살에 왜 이다지도 우색이 가득하며 터질까 염려되는 울분에 잠겨 있다. 지금은

어떠한가라는 기자의 말에 "먼 곳 총은 무섭지 않으나 가까운
총부리가 무섭수다"라고 고함으로 응수한다.

— 〈조선중앙일보〉 1948. 7. 11.

"죽으려야 죽을 수 없고, 살려야 살 수 없다"고 절규하는 제주도민
들의 목소리가 망망대해, 온 섬을 울리고 있었다. "먼 곳의 총은 무
섭지 않지만 가까운 총부리가 무섭다"라고 외치는 섬 사람들, 그들
을 감싸줄 곳은 어디에도 없었다.

섬은 캄캄한 요새, 해안선을 봉쇄하라

1948년 7월 15일, 제11연대가 9연대로 재편되고, 연대장에 제11연
대 부연대장 송요찬 소령이 임명되었다. 송요찬! 그는 미군이 '강인
하고 용감한 사람'이라고 높이 평가한 인물이었다. 11연대는 수원
으로 철수했다. 제주도 사태는 8월 초순께에 어느 정도 가라앉은 것
처럼 보였다.

그랬다. 제주 섬은 유혈이 낭자했으나, 8월 15일 대한민국 정부는
수립됐다. 9월 9일 북쪽에서도 정부가 수립됐다. 그렇다. 현재 지구
상 단 하나뿐인 민족의 분단 체제는 이때 확정된 것이다.

이미 8월 중순께부터 제주도에는 경찰의 특별 경계령이 내려져

있었다. 제주와 목포 간 정기 여객선을 이용하는 여객에 대한 여행 증명 제도가 부활됐다. 경찰은 제주도 해안선 봉쇄와 여객 출입의 사찰을 강화했다. 또 8월에만 두 차례에 걸쳐 800여 명의 육지 응원 경찰대가 제주로 제주로, 바다를 건너왔다. 제주도를 향한 '무력 소탕전' 준비에 들어간 것이다. 그러나 이 소탕전에 대해 제주도 현지 당국에는 아무런 사전 연락도 하지 않았다.

미 제6사단장도 예하 부대를 통해 제주도 주둔 군정 중대와 미국인을 지원하도록 명령했다. 제주경찰감찰청장 김봉호는 "이번의 응원 경찰대는 단순한 증원이 아니라 단기간에 사태를 해결하기 위해 딘 군정 장관 등이 미리 계획한 것"이라고 했다. 미군 수뇌부의 개입, 이것은 무엇을 의미하는 건가?

그것은 정부 수립 후인 1948년 8월 24일 이승만 대통령과 주한 미군사령관 하지 중장이 맺은 '한미군사안전잠정협정'에 따른 것이었다.

이틀 후, 주한미군사고문단이 설치됐다. 단장에는 로버츠 준장. 이들은 주한미군이 철수할 때인 1949년 6월 30일까지 한국군을 지휘할 권한을 갖는다. 주한미군사고문단은 한국의 육군과 해안경비대, 국립경찰로 구성되는 보안군의 조직과 행정, 장비, 훈련을 책임졌다.

결국 정부 수립 이후에도 미군은 여전히 한국군에 대한 작전지휘권을 갖고 있으면서 제주도 사태에 직접 개입했던 것이다.

한편 8월 초순. 김달삼, 강규찬 등 무장대 주요 지휘관 6명은 황해도 해주의 '남조선인민대표자대회'에 참석하기 위해 제주를 탈출한다. 김달삼이 그렇게 제주를 떠나자 후임 무장대 사령관이 된 사람은 당시 28세의 이덕구. 일본의 입명관대를 나와 조천중학원 역사 교사로 재직하다가 입산한 무장대 핵심 인물이다. 이제 무장대는 장기적인 전투 준비에 돌입하기 시작했다.

기록영화 〈메이데이〉에 나온 체포된 무장대원의 모습. 짚신을 신고 있다.
(1948. 5. 미국립문서기록관리청 소장)

부대를 정비하고 9월 초부터 진압 작전을 시작, 맹렬하게 무차별적인 강경 토벌전에 돌입한 송요찬 제9연대장은 10월로 접어들면서 더 본격적인 공세를 벌여 나갔다.

정부 수립이 진행되는 동안 일시 토벌을 중단했던 군인과 경찰을 앞세운 이른바 '토끼몰이식 수색 작전'. 이 작전은 죄 없는 주민의 수많은 희생을 불러왔다.

이후, 1948년 10월께부터 이듬해 3월께까지 제주도는 온 섬이 지하처럼 캄캄한 감옥이었다. 섬의 미래는 안 보였다. 이러한 섬의 운명에 제주 주민들이 직접 손을 들어 결정한 것은 아무것도 없었다.

1948년 10월 경비대총사령부는 제주도경비사령부를 신설, 토벌작전을 더욱 강화했다. 사령관에는 제5여단장인 김상겸 대령. 무차별적으로 사람들이 붙들려 갔고, 사람들이 사라졌다. 섬은 학살터, 비명의 공간으로 휘청대고 있었다.

포고령 "해안선으로부터 5킬로미터!"

군은 한라산 일대에 잠복하여 천인공노할 만행을 감행하는 매국 극렬분자를 소탕하기 위하여 10월 20일 이후 군 행동 종료 기간 중 전도 해안선부터 5킬로미터 이외의 지점 및 산악 지대의 무허가 통행금지를 포고함. 만일 차 포고에 위반하는 자에 대하여서는 그 이유 여하를 불구하고 폭도배로 인정하여 총살에 처할 것임.

1948년 10월 17일. 전과에 열을 올리던 송요찬, 그는 이윽고 자신의 명의로 이 포고문을 발표한다.

해안선으로부터 5킬로미터! 이외의 지점이라면 제주 지형상 해안 마을을 제외하면 대부분의 중산간 마을이 여기에 해당된다. 이 포고를 무시하는 자는 이유 여하를 불문하고 폭도로 인정하고 총살에 처한다는 것 아닌가.

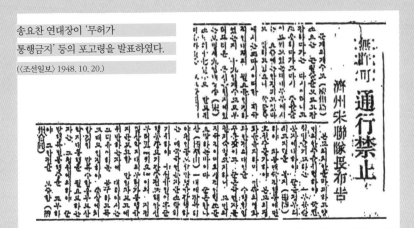

송요찬 연대장이 '무허가 통행금지' 등의 포고령을 발표하였다.

《조선일보》1948. 10. 20.)

중산간의 들판이나 마을 안이나 사람이 보이면 무조건 발포하겠다는 무시무시한 작전이 세워진 것이다. 주민들이 살고 있는 마을에서 통행을 금지한다는 것은 아예 집에 살지 말라는 말이 아닌가. 주민들의 두려움은 말할 수 없었다. 송요찬은 서청 단원까지 군에 편입시켜 특별 중대를 만들고, 그들에게 누구도 간섭 못 할 권한을 주었다.

미군이 조종하는 연락기는 중산간 지대로 피신한 제주도민을 체포하거나 학살하는 데 이용됐다. 불태워 없애고, 죽여 없애고, 굶겨 없애는 '삼진 작전'이라는 끔찍한 대량 학살 작전이 전개된 것이다. 삼진, 삼광. 이것은 일본이 중국인을 상대로 저질렀던 작전이며, 대량의 살상을 떠올리게 하는 용어가 아닌가. 한라산은 무장대의 근거지가 되었고, 수많은 중산간 사람들의 피난처가 되었다. 그때 그 한라산은, 1987년 4·3 장편 서사시 〈한라산〉을 쓰고 국가보안법 위반으로 감옥에 간 시인 이산하의 그 시처럼 "일자무식한 사람들도/ 하나둘씩 식량 보따리를 싸들고/ 산으로/ 산으로" 들어갔던 산이었다. "피를 묻고/ 살을 묻고/ 뼈를 묻는/ 혹한의 한라산"이었다. 산으로 간 사람들과 해변 마을로 간 사람들, 중산간에 있는 사람들의 삶 어느 하나 안전할 수 없는 세월이 시작된 것이다.

송요찬의 포고문이 발표된 다음 날, 제주도 해안은 즉각 봉쇄된다. 이 작전을 수행하기 전, 토벌대는 섬의 유지들을 일제히 검속한다. 제주읍은 싸늘한 공포에 휩싸였다. 법원장이 연행되고, 신문사 편집국장·제주중학교 교장 등이 총살된다.

11월 초순께는 주로 제주 출신인 9연대 장병 100여 명이 군사재판도 받지 못한 채 처형됐다.

한편, 이 시기 미국과 대한민국 정부가 초긴장하는 사태가 벌어졌다. 제주 초토화 작전을 앞두고 제9연대를 지원하기 위해 제주로 출동 명령을 받은 제14연대가 돌연 여수에서 총부리를 돌려 제주도 출병을 거부한 것이다. 이른바 10월 19일의 여순사건이다.

군 당국은 10월 20일부터 해군 함정 7척을 동원, 제주와 육지와의 뱃길을 막았다. 또 제주도 포구의 모든 어선에 대해 바다로 나가지 못하도록 명령을 내렸다. 이로 인해 제주도는 상당 기간 육지와 단절돼야 했다.

며칠 만에 여수·순천을 진압한 정부는 이제 제주도에 대한 진압 작전의 고삐를 더 죄어왔다. 여순사건에 직접 개입했던 미군도 제주도를 어떻게 할 것인가 주시했다. 미군 고문관들은 진압 작전에 참여한 모든 부대를 돌면서 작전 계획을 수립한다. 여순사건 진압과 더불어 제주도를 향해 정부는 무조건 진압을 명했다. 이후 섬은 휘몰아치는 피바람으로 아비규환, 그 자체였다.

한편, 송요찬 제9연대장은 제주도경비사령관인 김상겸 대령이 예하 부대인 여수 14연대의 사건에 문책을 받아 해임되자, 제주도경비사령관까지 맡아 해군 함정도 자신의 지휘 아래 두는 진압군의 총책임자로 등장한다.

로버츠 준장은 참모총장 채병덕 대령에게 "해안경비대의 순찰에도 불구하고 공산주의자 잔당이 제주도와 남해안의 작은 섬으로 피신하는 징후가 있다"며, "정찰과 경계를 강화해 문제가 될 대규모 집결을 막아야 한다"는 전문을 보낸다.

섬의 상황은 급박하게 돌아가고 있었다. 사람들의 가슴은 더욱 타들어가야만 했다. 누구에게 기대야 할 것인가. 한라산과 오름 자락 아래 사는 사람들의 심정을 헤아려주는 이는 아무도 없었다. 인간은 정말 무기력하기만 했다.

젊은 것이 죄

이 시기, 무차별적으로 끌려가던 주민들의 상황은 이루 말할 수 없었단다. 5월부터 10월까지 "검질 메러(잡초 제거하러) 갔다가" 혹은 "보리 베러 갔다가 잡혔다"느니, "촐(꼴) 베러 들판에 나갔다가 끌려 갔다"느니, "조를 수확하던 중 휩쓸려 갔다"느니 눈만 뜨면 불안한 이야기들이 마을을 떠돌았다.

10월 말경 무장대는 주로 경찰지서나 면사무소 습격, 또는 우익 인사나 경찰 가족을 지목 살해했다. 무장대의 보복전 와중에 죄 없는 주민들이 희생되기도 했다.

송요찬은 이 무렵 제9연대 병사 17명을 '공산주의자 세포' 혐의로 체포해 이 가운데 6명을 처형했다. 이어 애월면 고성리 부근에서 제 2차 작전을 벌여 135명을 사살한다. 또 제9연대는 교래리 부근에서 경찰, 민간인과 합동 작전, 하루 동안 무려 130명을 사살했다. 토벌 대는 중산간에 사는 모든 주민이 무장대에게 식량과 물자를 제공한 다는 전제 아래 민간인을 '폭도'로 몰아가며 무차별 학살한 것이다.

"해안에서 5킬로미터 이외 지역을 적성 지역으로 간주하고 사살 한다"는 송요찬의 10월 17일 자 포고는 그렇게 '충실히' 이행되었 다. 그것은 명백한 대량 학살, 그것이었다. 이날 이후, 뜻밖의 죽음이 자고 나면 즐비했다.

당시 토벌대는 중산간에서 잡혀온 청년들을 고문 취조하며 명단 을 불라고 강요했다. 고문에 못 이긴 청년들이 아무 이름이나 대는 바람에 애먼 사람이 희생당하기도 했다.

한 청년은 곽지리로 소개 간 형의 이름을 부르자 "우리 형입니다"라고 말했다가 끌려 나와 희생됐다. 또 한 청년은 "너 빗개(토벌대의 진입을 감시하는 보초) 서 봤지?"라고 하자, 엉겁결에 "예, 비께(바닷고기로서 상어의 일종)를 먹어본 적이 있습니다"라고 대답한 탓에 끌려 나왔다는 이야기도 전해지고 있다. 소년들은 사태 내내 마을을 지키기 위한 망을 봐야 했다. 돌담 사이로 '빗개'를 서다가 "노랑개(군인) 온다, 검은개(경찰) 온다"라고 소리치거나 나팔을 불기도 했다.

어머니와 아들이 동시에 경찰서에 끌려가 벽 사이로 비명을 들어야 하는 고통도 이어졌다. "가장 괴로웠던 것은 남의 매 맞는 소리에 애간장 녹던 일이었다. 지서 안에서 터져 나오는 비명에 귀 막아낸 일이 한두 번 아니다. 사람이 실신해서 정신을 잃어야 그 매질은 끝났다"고 하는 고문이었다.

숨어서 전전긍긍하던 청년들은 너무나 젊은 것이 죄였다. 어떤 경찰관은 "눈이 큰 걸 보니 폭도같이 생겼다"며 젊은이를 끌어내기도 했다. 안 그래도 토벌대에게 당시 제주도는 유배지나 다름없었다. 그들은 이국적인 제주의 독특한 방언을 이해하지 못했다. 토벌대에게 비친 제주 사람은 언어 소통도 안 되는 낮은 생활수준의, 이질적인 존재였다. 토벌대가 나타난다 하면 마룻장을 뜯었다가 그 속에 들어가야 했고, 토벌대가 명단을 부르면 불려 나와 초주검이 되도록 매를 맞다가 결국엔 총살을 당했다.

어떤 때는 '이성 잃은' 토벌대가 주민들에게 직접 자기 집에 불을 지르게 했다. 쿵쾅쿵쾅하던 주민들의 가슴은 그럴 때마다 새까맣게 타들어가기만 했다. 해변 마을로 가라 해서 내려가면, '폭도 마을 주민'이라며 툭하면 끌려가 고문을 당해야 했다. 먹을 것이 없어 밀 껍질인 밀기울을 갈아 범벅을 해 먹던 비참한 소개 생활이었다.

소개. 이 말은 "공습 화재 등의 피해를 적게 하기 위해 한곳에 집중해 있는 주민 또는 건조물을 분산 철거시키는 행위"라는 사전적 의미였으나, 제주에서는 "토벌대가 중산간 마을을 무장대와 격리시킨다는 전제 아래 모든 집들을 불태우고 주민들을 강제로 해안 마을로 내려오게 한 것"을 말했다. 중산간 마을 주민들을 해변 마을로 소개시키고, 해변 마을에서는 주민 감시 체제를 실시함으로써 무장대의 근거지를 없앤다는 것이었다. 일부 중산간 마을의 경우 소개령이 채 전해지지 않은 상태에서 토벌대가 마을을 덮쳐 가옥을 방화하고 주민들을 총살하기 시작했다.

섬의 공동체는 위태했다. 서로가 서로의 목숨을 보호해주지 못했다. 하루아침에 밀고자가 되기도 했고, 등을 돌리는 사이가 되기도 했다. 시인이 꽃으로 노래했던 것처럼.

시부모의 비참한 최후
그해 겨울과
이듬해 봄
누구 하나 변호해주는 사람 없는

그해 그 거리에는
피 묻은 얼굴들이
외면당하던
모두가 모른다고
침묵만 범람하던 거리
그 거리에는

어제까지만 해도 나와 함께 빨래하던 사람도
낫과 호미 빌려 쓰던 사람들도
아침에 인사를 나눈 사람들도
나를
모른다고 해야 하던 거리
그 거리에는
쇠비름꽃 끈질기게 피어난다

— 김명식 〈쇠비름꽃〉 중에서

　섬은 공포로 질려 있었다. 한때 옛 조상들이 죽을 둥 말 둥 한 반역의 목숨만 압송해 보내던 유배의 섬, 제주도는 극한 운명에 처해 있었다. 중산간 마을의 목숨은 한 치 앞도 예견할 수 없었다. 캄캄한 바다는 끝없는 재앙에 몸을 뒤쳤다. 끝내 제주 섬은 곧 광란의 바람이 거칠게 휘몰아칠 자세를 하고 있었다. 지독한, 더 지독한 지옥 불이 덮쳤다.

아, 슬픈 중산간

5

© 강요배, 〈동백꽃 지다〉
130.6×162.1cm, 캔버스·아크릴릭, 1991년

외로운 대지의 깃발 흩날리는 이념의 땅
어둠살 뚫고 피어난 피에 젖은 유채꽃이여
검붉은 저녁 햇살에 꽃잎 시들었어도
살 흐르는 세월에 그 향기 더욱 진하리

아! 반역의 세월이여
아! 통곡의 세월이여
아! 잠들지 않는 남도 한라산이여

— 안치환 작사·작곡, 〈잠들지 않는 남도〉 중에서

이 서늘한 노랫소리가 기억의 바람을 깨우는구나. 둥근 제주의 자
연과 아름다운 인연을 맺어 옹기종기 모여 살았던 소박한 초가들.
용암 돌과 흙으로 다져 만든 초가는 불면 날아갈 듯하지만 너무나

튼튼해서 태풍에도 끄덕 않던 집이었다.

허나 그것은 한줄기 불만 당기면 너무나 무력했다. 순식간에 재로 변하고 있었지. 가슴이 철렁 내려앉았다. 너무 기막히니 눈물마저 막혀버렸지. 단지 공포의 전율이 등줄기를 타고 내리고, 갑자기 증발해버린 가족들의 자리를 보면서 가슴만 쥐어뜯을 수밖에 없었지. 왜? 어떻게 백성을 보호해야 할 국가가, 국가 공권력이, 이렇게 무참히도 사람을 죽이고 있는지 정말 모를 일이었다.

이 무렵 두 아들을 산으로 보낸 할머니는 먼 총소리에도 그저 대밭(대나무밭)으로 숨바꼭질하듯 숨어야 했지. 그렇게 숨죽인 할머니의 시절 속으로 광란의 바람이 몰려왔다 몰려갔다.

초토화 작전, 중산간 마을 휩쓸다

중산간 사람들은 해안 마을로 급하게 내려가는 이들도 있었지만 죽어도 마을을 떠나지 않으려는 이들도 있었다. 늙고 병든 부모는 집에서 죽겠다며 손사래쳤고, 집과 농토, 애써 키운 소나 말이 너무나 아까워 발 동동 구르며 야산으로 피하는 이들도 있었다. 그러다 붙잡혔다.

낮에는 토벌대 세상, 밤엔 무장대 세상. 무장대가 습격했다 가면, 토벌대가 들이닥치고, 토벌대가 가고 난 마을에 무장대가 들이닥쳤으니 오도 가도 못했던 사람들이었다. 이제나저제나 죽고 죽임의 사태가 끝나기만을 가슴 졸이며 기다렸던 사람들이었다. 어느 마을에서는 어머니가 토벌대에게 죽음을 당한 사흘 후 아들이 무장대에게 희생당하는 비극도 생겨났다. 어느 마을에서는 아버지가 토벌대에게, 아들은 무장대에게 희생되기도 했다.

그중에서도 가장 잔혹한 희생을 가져온 때는 1948년 10월부터 이듬해 3월까지 약 6개월간. 군경 토벌대는 무장대의 피난처와 물자 공급원을 제거한다는 구실로 중산간 마을을 모두 불바다로 만들어버렸다. 주민들을 집단으로 살상했다. 온 가족이 몰살당한 집안이 생겨나고, 눈앞에서 희생되는 부모를 지켜보는 아이들, 어린것의 죽음을 앞세운 부모들도 있었다.

마을의 학교 운동장은 토벌대가 주민들을 집결시키는 장소가 되었고, 학살터가 되기도 했다. 산도, 계곡도, 오름도 소리 죽여 학살의 고통을 지켜볼 뿐이었다. 이승이 어디고 저승이 어딘지 구분이 없었다. 당시를 경험했던 성산면의 유학자 오성남(1902~1960)이 남긴 아래의 한시를 보자. 소개령 때문에 오갈 데 없이 갈피를 못 잡던 중산간 마을 사람들의 불안한 마음이 전해진다.

　　　소개령이 인근의 산촌 마을에 떨어지니
　　　온 동네 깜짝 놀라 서로 말도 못하는데
　　　해안가도 겁나고 산도 두려워 어디로 가야 하나
　　　업고 잡고 우두커니 서 있는데 해는 벌써 저무네

한편 이 무렵 무장대는 마지막 힘을 다해 총공세를 벌였다. 무장대는 토벌대 편으로 기울었다고 판단한 일부 마을을 덮쳐 무차별 학살하고, 식량을 약탈해 갔다.

구좌면 세화리, 표선면 성읍리, 남원면 남원리와 위미리 등의 마을은 토벌대 진영이라 해서 무장대로부터 큰 피해를 입었다.

겨울이 오고 있었다. 1948년 11월과 12월의 중산간은 그야말로 생지옥. 어디건 안전한 곳은 없었다.

1948년 11월 13일(음력 10월 13일)은 피의 날이었다. 애월면 소길리의 원동마을, 조천면 교래리·와흘리 2구·신흥리, 안덕면 상천리·상창리·창천리 등 각 마을에서 토벌대는 남녀노소 가리지 않고 총살과 방화를 자행했다.

또한 토벌대는 소개 명령에 따라 해변 마을로 소개한 주민들에게 "자수하라"고 했다. "털끝만큼이라도 가책이 되는 점이 있다면 자수하라. 이미 명단이 확보돼 있다. 자수한 사람은 무사할 것이지만, 만일 자수하지 않았다가 나중에 발각되면 처형을 면치 못할 것"이라고 했다. 겁에 질린 사람들이 '자수'의 길에 섰다. 무장대가 마을을 장악하고 있을 때 그들의 요구에 따라 보리쌀 몇 되라도 제공했던 이들이었다. 그러나 그것은 함정이었다.

자수하기 위해 군 주둔지인 함덕국민학교로 찾아갔던 조천면 관내 20대 청년 200여 명 가운데 150여 명이 "토벌에 함께 가자"는 토벌대의 말에 넘어가 트럭에 태워졌고, 그들은 곧 제주 시내 '박성내'라는 냇가로 끌려가 집단 총살되었던 것이다.

중산간 사람들, 한라산과 가까운 마을이었다는 이유 하나로 걸핏하면 무장대에게 식량을 올리는 등 협조했다며 토벌대에게 희생당했다. 사는 동안 이보다 더 큰일이 어디 있으랴.

이것은 모두 1948년 10월부터 불어닥친 광기의 장면이다. 그러나 이들 앞에는 더 사나운 재앙이 오고 있었다

계엄령!

1948년 11월 17일. 이승만 정부는 계엄령을 제주 섬에 선포했다. 그것은 제주 섬을 휩쓸고 있는 광란의 기름불에 휘발유를 확 끼얹는 격이었다. "계엄령!" 이 한마디는 납작 엎드려 있던 중산간 마을을 더 숨죽이게 만들었다. 중산간 마을 초토화 작전! 이것은 누구도 상상할 수 없는 대량 학살을 몰고 왔다.

토벌대는 '빨갱이'를 찾아낸다며 강경 진압 작전으로 거칠게 휘저었다. 마을은 수없이 불태워지고, 남녀노소 구분 없이 죽어갔다. '초토화!' 말, 그대로였다. 사느냐 죽느냐 시시각각 쫓기는 삶이 전개되었다. 토벌대는 80대 노인에서부터 젖먹이까지 누구라도 가리지 않았다. 결국 중산간 마을 주민 2만여 명을 산으로 내몰고 있었다.

어둠이 깊어가면 별만 반짝반짝하던 시절, 중산간 마을 사람들은 하늘을 보며 어느 마을이 불에 타고 있구나 점을 쳤다. 대밭 속에 숨었다가 하늘을 보면 저편 집에 붙은 불이 이쪽까지 마구 달려오는

第十二號
誠俸의 境遇

職名　姓　名

公務員法第□條第□項第□號에依하여□個月間俸給의 分之一을誠俸함

檀紀　印　年　月　日　任命權者

第十三號

備考　第一號書式의備考와同一함

年功加俸을給與하는境遇

職名　姓　名

圓을給함

檀紀　印　年　月　日　任命權者

第十四號

備考　第一號書式의備考와同一함

年末賞與을給與하는境遇

職名　姓　名

金　圓

右는 勤務成績이顯著함으로이를賞與함

檀紀　印　年　月　日　任命權者

第十五號
囑託에任命하는境遇

職名　姓　名

某專務
某委員
某囑託
某議師
務를囑託함

備考　第一號書式의備考와同一함

檀紀　印　年　月（又と年）手當 圓을給함　日　任命權者

備考
가, 無給囑託일境遇에는 手當을記入치않는다
나, 現職에在職中에있는者를囑託하다는, 境遇에限하야職名을冠記한다
다, 境遇에限하야職名을冠記한다
一時手當은給與하는境遇이라記入한다

顯에 他에官職을가진者를囑託에任命하였을境遇에依하야某事務를囑託하고囑託은記入하지않는다
나, 第一號書式의備考와同一함

第十六號
囑託을解任하는境遇

囑託　姓　名

某專務
本務便
事務畢了에依하야某事務를解함

備考　第一號書式의備考와同一함

檀紀　印　年　月　日　任命權者

大統領令第三十一號

濟州道地區戒嚴宣布에關한件

濟州道의叛亂을急速히鎭定하기爲하여同地區를合圍地域으로定한本令公布日로부터戒嚴을施行할것을茲에公布한다

戒嚴司令官은濟州道駐屯陸軍第九聯隊長으로한다

檀紀四千二百八十一年十一月十七日

大統領　李承晩

國務總理 國防部長官　李範奭
內務部長官　尹致暎
外務部長官　張澤相
財務部長官　金度演
法務部長官　李仁
文教部長官　安浩相
農林部長官　曹奉岩
商工部長官　任永信

國務委員 社會部長官　錢鎭漢
國務委員 交通部長官　許政
國務委員 遞信部長官　尹錫龜
國務委員　　　　　李允榮

印刷所　朝鮮書籍印刷株式會社

제주도 계엄선포에 관한 건이 공포된 단기 4281년(1948. 11. 17.)
〈관보〉 제14호.

것처럼 보였다.

진압군은 가족 가운데 청년이 한 명이라도 없으면 입산자로 몰아 세워 '도피자 가족'이라며 총살했다. 대신 죽어야 했다. 이름하여 '대 살'. 이 말은 '살인한 사람을 사형에 처한다'는 사전적 의미였지만, 당시 제주에서는 '남 대신 죽는다'는 뜻으로 사용됐다.

육해공군의 합동작전 결과, 중산간은 대부분 초토화되었다. 주민 들은 토벌을 피해 입산해버렸고, 토벌대는 재판도 없이 주민들을 처 형했다. 주민들의 분노와 공포는 사그라질 수가 없었다.

온 섬은 두려움으로 오그라졌다. 마을 주민들은 높은 동산에 빗개 (보초)를 세워 스스로 살기 위한 전략을 세워나갔다. 동이 트면 산으 로, 땅거미가 지면 마을로 내려왔다. 무조건 살아야 할 일. 목숨만은 지키고 볼 일이었다. 눈은 팡팡 쏟아졌으나 추운 줄 몰랐다. 신발도 신었는지 말았는지 감각이 없어질 지경이었다.

중산간 마을인 중문면 영남마을. 땅이 좋아 조 이삭이 어린아이 팔뚝만 하고, 고구마를 심어도 사람 머리만큼 자라던 이 마을엔 16가구에 90여 명이 살았으나 미처 피신하지 못한 50여 명이 희생 당했다. 마을은 사라졌다.

중산간의 동쪽 끝에 자리한 조천면 선흘리가 불바다가 된 날은 그해 11월 21일이었다. 군인들이 텅 빈 마을에 불을 지르고 돌아간 뒤 숨어 있던 주민들에게 소개령이 전해졌다.

주민들은 주로 화산 용암의 흔적이 생생한 숲 '선흘곶'으로 피신 했다. 허나 11월 25일부터 연 사흘째 주민들이 은신했던 도틀굴(반못굴), 목시물굴, 뱅뱅디굴이 발각됐고, 수많은 주민이 즉결 총살된다.

토벌대는 총살 후 휘발유를 뿌려 시신을 태우기도 했고, 일부는 끌고 갔다가 속칭 북촌리 '엉물'에서 학살했다. 그렇게 너무나 신비롭고 아름다운 선흘곶은 참으로 슬픈 역사의 숲이 되었다. 집들이 불에 탈 때 불씨가 날아와 몸체까지 데인 흔적을 지금도 간직한 선흘리 '불칸낭'이 된 후박나무는 아직도 그날의 상처에 몸을 비튼다.

이때 미 고문관의 한 기록은 1948년 11월 21일부터 30일까지 열흘 동안 얼마만큼의 가공할 만한 살육이 행해졌는지를 보여준다. 제9연대의 전투 일지는 일부 과장됐거나 일부 누락된 보고가 있을지라도, 기록상으로 학살당한 사람만 615명. 그러나 이 시기, 제9연대는 무장대로부터 총 12정과 칼 11자루밖에 획득하지 못했다. 희생자 수와 노획한 무기를 비교해보면, '전과'로 기록됐을 615명이 무장대가 아니라 대부분 비무장 민간인이었음을 알 수 있는 대목이다.

그해 12월 말경, 표선 백사장은 붉은 바다. 그야말로 핏빛으로 물들었다. 9연대에 의해 끌려나온 토산리 주민 157명이 한꺼번에 죽음을 당한 것이다. 열여덟 살 남편의 시신을 그 모래밭에서 확인해야 했던 갓 결혼한 해녀 새댁의 기막힌 통곡도 있었다. 그 겨울 바다는 비명으로 얼어붙었다. 함덕 서우봉 모래밭도 그러한 피의 밭이었다.

산도 무섭고, 경찰도 무서웠던 중산간 주민들. 결국 숨을 데라곤 어둠의 동굴뿐이었다. 땅속 굴은 추위를 막아주었고, 얼마간 사람들을 지켜주었다. 살아도 산목숨이 아니었다. 어떤 굴에선 발각되면 더 깊은 산속으로 다시 달려야 했으며, 밖에서 불을 지른 어떤 굴에서는 연기에 질식되면서 서로 얼크러져 숨을 거두기도 했다.

캄캄 절벽 같은 동굴을 휘덮는 화염을 손톱으로 긁다가 끝내는 한 줌 재가 된 사람들, 맨발로 앞서거니 뒤서거니 달리다 푹푹 쓰러지던 사람들이었다. '하얗게 때죽나무 뚝뚝 지듯 떼죽음의 한라산'이었다. 애처롭고 서럽고 슬픈 세월 구비 돌아도 끝내 다시는 돌아오지 않은 가엾은 사람들이었다.

1948년 그해 겨울, 무지막지하게 눈이 내렸다. 굴 밖엔 하염없이 눈이 팡팡 내리고 쌓였다. 아득히 먼 곳에도 눈이 내리고, 또 눈이 내렸다. 중턱까지 눈으로 휘덮인 한라산의 광대한 가슴은 새하얀 벌판이었다. 토벌대를 피해 산으로 올라간 사람들은 집채만 한 눈을 파내 움막을 지었다. 그리고 눈 위에서 토끼처럼 도망쳐야 했다. 뛰다 보면 움푹 파인 굴형(구렁)에 빠지기도 했고, 짐승처럼 네발로 기어야 했다. 새하얀 눈밭 위에 검붉은 핏자국이 새겨졌다.

무장대의 습격으로 애꿎은 주민들이 희생되고, 토벌대의 집단 학살로 꽃잎처럼 목숨들이 떨어졌다. 통곡의 바다. 몸집 큰 소년들은 더 위험했다.

돼지우리에 숨었다가 살아났으나 얼굴에 화상을 입었던 한 소년은 동료들은 다 죽었는데 자신이 어떻게 치료를 받을 수 있었겠냐고 한다. 생과 사는 1분도 아닌 1초 같다 했다. 삶과 죽음의 갈림길은 순간순간이었다. 산에서 도망쳐 달리다가 총 맞아 죽는 건 고통이 짧으니 행복이란 말도 나왔다. 초토화의 재앙과 살육은 제주의 지도 속에서 130여 개의 중산간 마을을 지워버렸다. 가난했으나 이웃끼리 정이 넘치던 어머니의 땅, 사람들은 죽거나 쫓기듯이 사라져갔다.

네 남편이 산에 갔다, 동생이 갔다, 형이 갔다, 심지어는 사위가 산으로 갔다 해서 희생당했다. 도피자 가족 수용소가 있던 세화리에서는 젖먹이도 빨갱이라며 젖을 주지 못하도록 한 경우도 생겼으며, 도피자 형이 있다고 해서 한 초등학생을 수업 도중 데려다가 총을 쏘았다. 모래바람 이는 연두망 동산에서 총성이 울리자 담임선생은 모두 일어서게 해 묵념을 하게 했다고 살아남은 자는 증언했다.

혹시 한바탕 무서운 꿈을 꾸었던 것은 아닐까. 지옥에서 홀로 살아남은 사람들은 그것이 차라리 악몽이었기를 바랐다. 애월읍 봉성리 강한규의 말이다.

그땐 사람들이 다 이레도 붙고 저레도 붙고 했어요. 그 모양으로 약하게 흐름 따라 다니던 사람들입니다. 바람 부는 양, 이쪽으로 세게 불면 이쪽으로 붙고, 저리로 세게 불면 저쪽으로 붙고 했습니다. 산에서 말을 하면 그것도 옳아 보이고, 또 아래서 오는 말 그것도 옳아 보이고…. 어느 쪽에 붙어야 좋을지 몰랐어요.

넋이 나간 듯 무서워 닥닥 떠느라 눈물도 나지 않았다. 매일 숨을 곳과 먹을 것을 찾아 헤매는 '쥐 같은 삶'이었다.

살기 위해
숱한 죽음들 구경하면서
그림자처럼 도망다녔네
암호 받아 외고 동네
연자방앗간 앞에서
죽창 들고 보초도 섰네
"누구냐! 정지! 암호는?"
입안에서 뱅뱅 도는
무서움에 오줌을 쌌네
큰기침 소리 우렁차게 어둠 속에서
시커멓게 나타나던 커다란 사람들
"이거 어린애 아냐! 빌어먹을!"
별도 뜨지 않은 밤하늘
와르르 무너져 내리고

― 문충성, 〈사월제 2〉

12월에 접어들면서부터 토벌대는 한라산 소탕 작전에 온갖 총력을 기울이고 있었다. 제9연대는 주민 3000여 명을 동원해 한라산을 샅샅이 뒤지기 시작한다. 자수하러 내려온 사람이나 붙잡힌 사람을

심문을 받기 위해 수용자들이 대기하고 있다.

(1948. 11. 미국립문서기록관리청 소장)

앞세워 은신처를 가리키게 만들기도 했다. 그들은 하루 동안 105명
을 사살하고, 일제 99식 소총 10정과 칼 1자루를 빼앗았다고 밝혔
다. 무차별 소탕 작전은 이때 절정을 기록한다. 무장대의 습격을 받
으면 반드시 대대적인 토벌대의 보복이 이어졌고, 무장대 또한 우익
에 대한 보복을 멈추지 않았다. 초토화 작전은 무장대의 힘을 빠르
게 약화시키고 있었다.

　식량을 확보하기 위한 무장대와 토벌대로부터 죽음을 피하려는
주민들은 산으로도, 산 아래로도 붙을 수 없었다. 이곳저곳 숨을 곳
을 찾아 헤매다 토벌대에 붙잡혀 희생되었다.

　이 과정에서 체포된 사람들은 이른바 '군법회의'에 섰다. 재판은

형식적이었다. 1948년 12월의 군법회의에서는 민간인 871명이 유죄판결을 받았다.

기록으로만 봐도 12월 2일부터 6일, 12월 12일부터 20일까지 군인 사망 11명과 부상 8명을 제외하고 '적'으로 분류돼 사살된 도민은 677명, 체포된 사람은 162명, 노획된 총은 22정과 칼 55자루였다.

토벌대가 사살했거나 체포했다는 '적' 수와 노획한 무기와의 심한 불균형은 무엇을 말해주는 것인가. 무저항 상태의 민간인을 무차별 학살한 것은 아닌가. 이 많은 사람이 그들이 말하는 '폭도'였을까. 이는 토벌대가 얼마나 무차별적인 진압 작전을 펼쳤는지를 보여주고 있는 것이다.

동백꽃 목숨들

그렇게 초토화 작전의 광기가 극에 달하면서 시간이 흐르고 있었다. 위험한 시절을 눈치챈 꽃들도 눈을 뜨다 숨죽였으리. 중산간 사람들은 꼭꼭 숨었으나 시신은 해초 더미처럼 쌓여만 갔다. 1948년 12월 9일 애월면 광령리에선 아들이 산에 연루됐다는 누명을 쓰고 토벌대에게 죽음을 당하게 되자 아버지가 대신 죽겠다고 나섰다가 한날에 부자가 희생을 당한 일도 있었다. 이 많은 죽음은 과연 무엇을 의미하는 것일까. 그해 12월 말, 9연대가 철수했다. 함병선 중령이 지휘하는 제2연대가 그 자리를 접수했다. 여전히 제주 섬 사람들의 두려운 마음의 불꽃은 잦아들지 않았다. 엉키고 뒤엉키며, 숨 막히는 1948년이 갔다.

1949년은 매몰찬 칼바람과 함께 왔다. 제2연대는 주둔 초기에 피신했던 주민들이 산에서 내려오도록 설득하는 작전을 폈다. 하지만 곧 강경 토벌 작전으로 치달아 숱한 민간인을 재판도 없이 즉결 처형했다. 도대체 그 사람들은 다 어디로 간 것일까?

1949년 1월경 해변 마을 주민들과 중산간 마을에서 해변 마을로 소개당해 온 사람들은 토벌대의 명령에 따라 마을을 빙 둘러가면서 성담 쌓는 일에 나가야 했다. 청년들이 없는 마을, 성담 쌓는 일엔 고사리손부터 여인들, 노인들의 주름진 손까지 동원되었다.

제주 읍내 어떤 여인은 성담을 쌓다가 남편의 시체를 보고 놀랐으나 비명조차 삼켜버려야 했다. 눈물을 흘릴 자유란 없었다. 또 어떤 이는 "성 쌓기를 끝내고 보니 도령 마루 일대는 검은 고무신짝이 여기저기 수두룩하게 널려 있었다. 주검들이 신었던 신발들이었다"고 했다. 가슴은 찢어졌으나 아무 말도 하지 못했다.

죽기 아니면 살기였던 주민들, 성담을 쌓은 후에는 매일 밤마다 돌아가며 보초까지 서야 했다. 퍼붓는 빗속에서도 여자라고 그냥 봐주지 않았다. 남편이 부재중이던 만삭의 여인도 보초를 서러 가야 했다.

비 오고 안개 껴서 으스스하던 날. 애월리의 한 아낙네는 남편의 죽음을 슬퍼할 새도 없이 갓난애를 집에 재워두고 나와 보초를 섰

마을마다 무장대를 막기 위해 성을 쌓았다.

(1949. 1. 제2연대 제주도 주둔기 앨범에서)

으나 "제대로 보초 서지 못했다"고 지서에 끌려가 죽도록 매를 맞아
야 했다. 퉁퉁 불은 시신들을 보고 잠을 못 이루던 사람들이었다.

그렇게 4·3의 피바람이 휘몰아쳤다. 그해 1월 10일과 12일 남원
읍 의귀리와 수망리. 이날은 하루아침에 아이들의 운명을 바꿔놓은
날이다. 졸지에 부모 잃은 아이들은 소년 가장이 되었으며, 어느 경
찰의 수양딸이 되어 성을 바꿨다는 아이도 생겨났다.

80여 명의 주민이 희생당했다. 거기서 곧 아기를 낳았던 여인도,
이름조차 호적에 올리지 못한 아이도, 소년도, 아버지도 생을 다했

다. 새벽에 무장대의 습격을 받자 무장대와 내통했다며 토벌대는 이들을 몰아세웠다. 무장대와 주둔군의 전투 한가운데서 주민들은 이산 저 산 도망다녀야 했다. 애꿎은 마을 사람들은 당시 토벌대로 내려온 2연대 군인들에 의해 남원읍 의귀국민학교에 수용됐다가 집단학살당한다. 남원리 수망리 한남리, 하루아침에 농사짓던 사람들은 3개의 구덩이에 암매장된 것이다.

누가 누구의 유해인지 모를 이 시신들의 구덩이는 그로부터 54년이 지난 2003년에야 파헤쳐졌다. 어려서 부모 잃은 아이들은 할아버지 할머니가 되어 마을 사람들과 유골을 수습했고, 이들은 비로소 그들이 살던 땅, 수망리 위령공원에 안치됐다. 의로운 넋들이 한자리에 있다고 해서 그 이름, '현의합장묘'다.

일본으로 떠나는 사람들

"통제하라!" 이처럼 무참한 대학살은 섬 밖으로 나갈 수 없었지. 이기간에 정부는 보도 금지, 언론의 입을 막아버렸다. 군인과 경찰에 의한 학살을 절대 보도하지 못하도록 한 것이다. 공보부는 언론사에 무장대의 행위에 대한 논평이나 민간인 무차별 학살에 대한 동정어린 표현도 쓸 수 없도록 했단다. 제주 섬의 삼엄한 보도 통제를 뚫고 이 대학살의 소식은 일본의 신문을 통해 제주 출신 재일동포들에게 전해진다. 그렇게 고향땅을 하직한 사람들. 살길을 찾아서 떠난 사람들의 이야기다.

위험했다. 미군 함정이 해안까지 봉쇄했으니. 결국 젊은 그들이 살길은 어디인가. 무조건 물로 뱅뱅 막힌 이 섬을 떠나는 길뿐. 고깃배를 타고 저 캄캄한 바다를 건너는 사람들이 줄을 이었다. 흡사 작은 물고기처럼. 은신처로 택한 곳, 그곳은 일본이었다. 해방 이전부터 익숙한 그 땅 말이다.

뱃길이 가능한 항로를 택해 사람들은 밀항을 감행했다. 친인척들이 여기저기 흩어져 살고 있기도 한 그 땅. 노동을 하러, 친인척을 만나러, 공부를 하기 위해서 등 여러 가지 이유가 있었지만 무엇보다 지켜야 할 것은 '목숨'이었다. 물론이다. 그 시기, 바다를 건너는 일은 목숨 걸고 가야 하는 길이었다. 느닷없는 4·3의 날벼락에 젊은이들이 숨죽여 캄캄한 바다를 건넜다.

밀항하다 붙잡혀 다시 수용소로 끌려가기도 했다. "해방이 왔져" 소리에 찾아온 어머니의 땅 아니었던가. 다시 떠나야 했다. 잠시 고향에 다니러 왔다가 차일피일 눌러앉았던 사람들에게도 그 시국은 피할 수 없는 거였다. 4·3의 악몽은 따스한 제주 섬 올레의 품 안을 기어이 벗어나게 하고야 말았다.

일본행은 너무나 어려웠으나 밀항은 끊이지 않았다. 섬의 광풍 속에서 겨우 멸족만은 막아야 했다. 늙은 부모들은 위험한 나이의 자식들에게 현해탄을 건너게 했다. 경찰에 잡혀갔다 나온 가족이 있거나 젊은이가 있는 집에선 갑자기 사라져버리는 사람이 있었다. 누구

누구는 일본으로 떠났다는 소문이 수군수군 들려왔다. "죄가 없어도 목숨만은 건져야 한다"며 황급하게 재산을 팔고, 자식을 일본으로 일본으로 보내는 부모들, 부모 잃고 고아가 돼 떠나는 사람도 있었다. 그렇게 보낸 자식들은 살아남았으나 고향에 남은 가족들은 희생되기도 했다. 이 때문에 부모 형제의 비참한 죽음마저 낯선 일본 땅에서 들어야 했던 사람들이다.

4·3의 발발과 초토화 시기 일본으로 밀항한 사람들은 대개 10대부터 30대까지 젊은이였다. 대부분 농사짓던 사람들이었다. 4·3 시기, 일본에서는 해방 후에 일본에 남아 있을 수밖에 없었던 사람, 심해가는 밀항의 단속을 뚫고 건너간 사람들이 둥지를 틀며 또 하나의 '작은 제주도'를 만들어갔다. 그들은 결국 비극의 땅을 떠나 일본 땅에서 또 하나의 공동체를 이루며 살아가야 했다.

1948년 5·10선거 전후 미군 보고서는 일본 소식편을 통해 "4월 입국자 증가" "한국 이민자들의 파고" 등의 제목으로 한국인의 일본 입국이 급격하게 늘어나고 있음을 알리고 있다. 그러면서 그 이유로는 남한 단독선거로 인한 정치 불안정 때문이라고 하고 있었다. 당시 일본의 많은 신문이 밀항 조선인을 검거했다는 기사를 실었다.

가령, 일본 큐슈 지역의 〈오이타고도(大分合同)신문〉 1948년 6월 12일 자는 "6월 10일에 오이타에 도착한 밀항 조선인 36명을 검거, 그들은 제주도의 내전을 피해서 도망 온 사람들로 목포에서 승선했다"고 기록한다. 1948년 9월 12일 후쿠이 현(복정현) 해안에 제주도에서 온 101명(그중 여성 15명)이 상륙했다는 기사(〈가이호(解放)신문〉

1948. 9. 18.) 등도 보인다.

부두까지 나와 자식이 떠나는 길을 몰래 지켜봐야 했던 부모들은 이후 다시 자식을 만나지 못하는 경우가 허다했다. 그들은 누구에게도 고향에서 일어났던 대비극을 입 밖에 내지 못했다. 4·3에 연루된 가족들의 경우, 이름마저 바꿔 살아야 했던 이들도 있다. 자식들에게까지 4·3은 제주의 침묵처럼 거기서도 꺼내지 못하는 암호 같은, 하나의 '부호'였다. 행여 대를 이어 또다시 곤경에 처할까 봐서였다.

가장 참혹했던 집단 학살이 벌어지던 시기, 바다 건너 고향의 비극을 듣고 몸서리치던 이들은 마을별로 추도회를 열어 애도했다. 1949년 1월 3일 오사카 이쿠노 구에서 '재판 제주도 대정면 친목회' 주최의 인민 학살 반대 추도회가 열렸다. 이어 2월 1일 오사카 이마자토에서는 '재판 구좌면 친목회' 주최의 추도회가 열렸고, 삼양리, 한림면 등의 추도회가 연이었다. 제주 사람들이 많이 모여 살던 도쿄 아라카와에서도 고내리 친목회가 추도회를 열었다.

1949년 4월, 고향의 연로한 아버님, 어린 형제들의 몰살 소식을 일본 땅에서 들은 한 재일동포는 "기본적 인권이 땅에 떨어졌다"며 오열했다.

아, 슬픈
중산간

일본에서 돌아와
죽은 사람들, 떠난 사람들

일본으로의 필사적인 밀항에 성공하지 못한 사람들에겐 더 큰 형벌이 가해졌다. 일본으로 가려고 목포까지 갔다가 기어이 어머니 얼굴한 번만 보고 간다며 다시 돌아왔던 아들이 붙잡혀 희생당하기도 했다. 그럼에도 다시 기회를 노렸고, 다른 지역을 통해 떠나는 일이 이어졌다.

1948년 12월, 제주읍에 살던 이○○은 집에 있다가 "도망치려고 했다"는 이유로 경찰에 끌려가 발이 묶인 채 돼지처럼 매달렸다. 등뼈가 튀어나올 정도로 고문이 가해졌다. 그렇게 닷새를 살고 나오자 살아남기 위해 1949년 일본으로 도피했다. 2005년 고향에 돌아와 정착한 그는 그때 고문으로 튀어나온 척추뼈 때문에 지금도 후유증에 시달리며 산다. 상처가 너무 크고, 무엇인가 그때 일을 말하면 고향의 친족에게 누가 미칠지도 모른다고 생각해 아예 입을 닫고 유족 신고를 하지 않은 이도 부지기수다.

집단 학살의 마을 북촌리 한○○ 할아버지는 가문의 멸족을 면하기 위해 형제를 일본으로 피난시켰다. 할머니가 한밤중에 시든 갈치를 큰 대야에 넣어 선장에게 주고 똑딱선에 태웠다. 형제는 결국 1949년 1월 19일 고향 북촌리의 대비극을 오사카에서 들어야 했다. 남아 있던 그의 할머니와 어머니는 그 대학살에서 살아남지 못했다.

"이젠 고향에 가도 어릴 때 친구들이 없어요. 미안해져요. 나만 운이 좋아 살아났구나 하면 그렇습니다." 할아버지의 판단으로 배를 타고 떠났던 그는 간신히 살아남았으나 강렬한 고향의 기억은 그를 오래도록 몸서리치게 한다. 음력 12월 18일, 그도 오사카에서 제사를 지낸다.

오사카 이쿠노 구의 아흔다섯 해녀 출신 양씨 할머니. 그녀는 그 시국에 아이가 울면 들킨다 해서 우는 어린 딸만 친족에게 남기고 온 자신이 죄인이라고 했다. 차마 눈 뜨고 볼 수 없었던, "지옥도 그런 지옥은 없었다"고 떠올린다. 그런 것이었다, 4·3은. 그때 고향 떠난 이들에게 고향은 다시 돌아갈 수 없는 곳이 되기도 했고, 부모의 산소 한 번 찾지 못한 한스런 몸이 되기도 했다.

일본에 살다 잠시 고향에 들렀다가 참혹한 죽음을 당한 사람도 있었다. 관부연락선을 타고 일본을 드나들다 4·3으로 뱃길마저 차단돼 나갈 수 없었기 때문이다. 발만 동동 구르다 끝내 죽음을 맞았던 아버지였다. 죄도 없었지만 자수하면 살려준다 해서 함덕국민학교에 자수했다가 박성내로 끌려가 한꺼번에 학살됐다. 그 딸 김순동의 이야기다.

나는 현장에 나가서 다 봤지요. 나같이 시체 많이 본 사람 없을 겁니다. 가서 보니 시체가 다리 밑으로 다 떨어지니까 차에서 기관총으로 막 쏘아버렸어요. 가서 뭐 금광 캐는 사람들처럼 시신을 처리하러 유족 수십 명이 같이 갔어요. 가서 보니 그냥 시신들이 떡처럼 되어버렸어요. 다섯 달이나 지났으니까요. 우리 아버님은 그래도 옷으로 해서 찾았지요. 제사는 아버지가 나간 날로 지내요. 동짓달 스무날로.

부모 잃고 고아가 된 몸으로 현해탄 건너갔다는 여인, 오라비 제사상 한 번 못 차려줬다며 당신 죽고 대신 오라비가 살아야 했다는 여인. 그리고 그 일본 땅엔 아흔을 넘겼어도 통일된 세상을 향한 열망 하나로 저항했고, 그 세상을 보기 전까진 죽을 수 없다던 뜨거운 혁명의 여인 이성호(1910~?), 김동일(1932~2017) 같은 이들도 살고 있었다.

해방 전 일본에서 죽을 노동을 하다 돌아온 사람들 가운데 우리말을 더듬거리던 사람들은 "우리말을 제대로 못하는 것을 보니 넌 폭도"라며 죽음을 당하기도 했다.

초토화 시기, 가시리가 화염에 휩싸이던 날, 냇가로만 도망 다니던 이 마을 여인 박춘옥은 동산에서 한 여자의 죽음을 목격했지. 스물대여섯 난 그녀는 우리말을 잘하지 못했던 재일동포 2세였단다. 그녀는 잠시 시부모를 만나러 왔던 길이었지. 박춘옥이 본 광경이다.

총으로 '팡~' 하게 쏘아버리면 덜 고통스럽게 죽지. 초가지붕 이는 '새(띠)'로 둥그렇게 담을 쌓고, 그 안에 사람을 앉혀

놓고 불을 질렀어요. 그 여잔 일본서 태어나서 남편도 일본에 있었어요. 시부모가 가시리에 살고 있으니까 다니러 왔다가 뱃길이 막아져 일본으로 못 나간 겁니다. 토벌대가 그 여잘 잡아다가 옷 벗겨 그 동산을 몇 번이나 돌게 했어요. 몇 번 돌면 살려주겠다고 했는데 살려주지 않고 그대로 쏘아버렸어요. 조선말도 잘 못하는 여잔데….

경찰에서 고문당해 죽는 어머니의 소리를 들었다는 딸, 1년간 '고팡(광)'에 숨어 살던 오빠와 목숨만 부지했던 언니는 결국 일본행을 선택했다고 고백하는 한 여인은 수십 년이 넘은 지금도 경찰이 보이면 돌아서 간단다.

일본으로 도피했다는 이유로, 대낮엔 너무 '따가워' 눈 뜨고 걸어갈 수 없었다 했다. 그렇게 고향 땅 한 번 밟지 못하겠다던 김시종 시인도 결국 반세기 훌쩍 넘기고서야 그 땅을 밟았다. 그 시인의 노래는 처연하다.

내 자란 마을이 참혹했던 때,
통곡이 겹겹이 가라앉은 그때
겨우 찾은 해방마저
억압에 시달려 몸부림치던
그때,

상처 입은 제주
보금자리 고향 내버리고
제 혼자 연명한
비겁한 사나이
4·3 이래 60여 년
골수에 박힌 주문이 되어
날마다 밤마다
중얼거려온 한 가지 소망
잠드시라
4·3의 피여
귀안의 송뢰되어

제주농업학교 천막수용소. 1948년 가을부터 제주 지역 기관장과 유지도
대거 수용되었다. (1948. 11. 미국립문서기록관리청 소장)

잊지 않고 다스리시라

변색한 의지

바래진 사상

알면서도 잊어야 했던

기나긴 세월

자기를 다스리며

화해하라

화목하라

흔들리는 나무야

스스로 귀 열고 듣고 있는 나무야

이렇게 아무 일 없이 뉘우침 흩날리며

봄은 또다시 되살아오는구나

— 김시종, 〈사월이여 먼 날이여〉 중에서

영원처럼 길었던 겨울

한라산 기슭마다 언 땅을 뚫고 나오던 샛노란 복수초도 겁에 질려 가만히 숨죽이고 있었다. 땅속에서 그렇게 숨만 쉬며 살던 사람들도 있었지. '영원처럼 길었던 겨울'이었지.

산에서 떨던

어린이들, 노인들, 여인들,

많은 입산자가 흰 헝겊을 찢어

나뭇가지에 매단 백기를 앞세우고

가족끼리 내려왔다.

당시 작전 과정에서는

희생된 민간인과 자진 하산한 자,

체포되어 포로가 된 자가

거의 1만여 명에 달했다.

하산한 주민들은

제주 읍내 주정 공장,

서귀포 단추 공장 등에 갇혔다.

초토화 작전으로 주도권을 장악한 이승만 정부는 1949년 3월 제주도지구전투사령부를 설치, 막바지 토벌 작전에 승부를 걸듯이 전력을 쏟는다. '유혈의 전장'이었던 작은 섬. 유재흥 사령관은 무장대와 전투를 함과 동시에 한편으로는 무분별한 살인을 중지시키면서 귀순 작전을 펼쳤다.

한라산 일대에는 3월 초부터 귀순 권유 전단이 집중적으로 뿌려졌다. 선무공작원들은 "산에서 내려오면 살려준다"며 산야를 돌면서 방송을 했다.

산에서 떨던 어린이들, 노인들, 여인들, 많은 입산자가 흰 헝겊을 찢어 나뭇가지에 매단 백기를 앞세우고 가족끼리 내려왔다. 당시 작전 과정에서는 희생된 민간인과 자진 하산한 자, 체포되어 포로가 된 자가 거의 1만여 명에 달했다. 하산한 주민들은 제주 읍내 주정 공장, 서귀포 단추 공장 등에 갇혔다.

서귀포 수용소에 갇혔던 사람들은 통보리밥인지 밀밥인지 알알이 떨어지는 밥을 먹었다. 그 통조림 깡통 하나로 요만큼씩 손에 쥐어주면 그것을 타 먹던 어린아이는 자기가 흘린 밥알 한 방울을 딴 사람이 먹었다고 울고불고했다. 배고파 개구리 잡아먹으러 갔다가 물에 빠져 죽은 아이도 생겼다. 제주시 주정 공장 수용소에서도 어린아이들의 희생이 컸다. 제대로 먹지 못한 아이들이 뉘엿뉘엿 시들어갔다. 당시 주정 공장에 수용됐던 김주범의 갓 돌 지난 여동생도 굶어서 죽었다. 그 주변 먹을 만한 풀들은 양껏 피어보지도 못했다.

밥이 되어야 했으니까.

그들 가운데 일부는 석방되기도 했으나, 상당수는 군법회의에 회부되었다. 군 당국은 원칙을 무시했다. 형량도 죄명도 모른 채 형식적인 군법회의를 거쳐 수많은 사람이 전국 각지의 형무소로 이송되어 갔다. 그러한 안타까운 사례 하나만 들어보겠다.

제주시 주정 공장에 수용됐던 고난향은 동명이인 때문에 대신 전주교도소로 수감되고 말았다. 수용소에서 같은 이름이 둘이었는데, 자신을 부르는 줄 알고 대답하고 나갔다가 그리된 거였다. "고난향! 허니까 나를 부르는 걸로 알았지." 감옥에 데리고 간 다섯 살 아들은 거기서 홍역으로 잃었다. 10개월 죄인 아닌 죄인으로 살고 와서 보니 큰아들도 죽고, 열세 살 아들은 그가 감옥에서 나와 귀향하던 날 들에 달래 캐러 갔다가 죽었다. 4·3으로 끝내 세 아들을 잃었다는 그는 생전에 새벽에 보리밭에 일하러 들어가서야 홀로 울었다 했다. "그때 일만 기억하면 죄책감이 들고 징그럽다"는 그는 평생 비행기 소리만 나도 심장이 쿵쾅거리는, 기억 속에 살다가 세상을 떴다.

그렇게 1949년 겨울이 지나갔다. 간발의 차로 삶과 죽음의 경계가 왔다갔다하는 겨울. 바람까마귀 떼만 비린 주검 위에서 인간을 대신해 크게 울부짖었다. 희망이 문틈으로 들어오길 기다렸으나 희망은 보이지 않았다. 그나마 산 자는 살아야 했다.

불타버린 마을에 돌아와 재건하고 있는 4·3 당시 제주 어느 마을 주민들.

　사람들은 자신의 고향집으로 향했다. 각기 불타버린 고향 마을로 돌아가 움막 같은 '함바'를 짓고 오글오글 삶을 영위했다. 주민들이 직접 성담을 쌓고 새로 재건해야 했다. 대표적인 전략촌이었던 선흘리 낙선동 성담 쌓기는 그야말로 고사리손까지 동원돼야 했다. 등짐을 지고 돌을 져 날라야 했기 때문에 어깨나 등이 남아났겠는가. 북해도 탄광 갔다 폐병 얻어 돌아온 아버지 대신 성담 쌓기에 동원됐던 열세 살 소녀 김승자. 해녀가 꿈이었던 그녀는 돌 더미에 깔려 불구의 몸이 되기도 했다.

　마을마다 비좁은 수용소 같은 함바의 삶 역시 고통이었다. 너무나 불결한 위생 때문에 홍역 앓던 두 아들을 한꺼번에 가슴에 묻어야 했던 부모도 생겨났다. 애월읍 광령리가 고향인 당시 고석돈의 이야기다.

> 마을끼리 합쳐서 함바를 짓고 살 때니까 형편없었어요. 우리 아이들도 공기가 너무 나빠서 홍역이 도니까 살 수 있어? 네 살 두 살 아이들 사흘 차로 몬딱(전부) 다 거기서 날려버렸지(죽어버렸지). 살릴 수가 있어? 함바 집에 막 버러지(벌레)가 들어오거든. 거기 가서 아이들 잃은 사람이 많아요. 그래서 그 때 거기서 자종이(광령3리)에서 한 6개월 살다가 다시 거기서 여기 성 쌓아가지고 여기(광령) 재건해서 올라왔어요.

한라산 검은 어둠 속에서 별들은 총총했으나 아무도 별들이 아름답다고 생각하지 않았다. 그렇게 처절한 비명의 아수라장을 뚫고 속절없이 봄은 피어났다. 아픈 봄이었다.

사령부는 4월 중순 이전에 무장대를 완전히 사라지게 한다는 계획을 세우고 있었다. 이름하여 '빗질 작전'. 군부대와 민보단으로 섬을 횡단하는 선을 만든 다음, 산을 빗질하듯이 싹 쓸어내려가면서 무장대를 섬의 반대쪽에 진 치고 있는 경찰 쪽으로 몰아간다는 계획이었다. 이 무렵 무장대는 250여 명으로 추정될 정도로 줄었다. 미군 보고서도 압수된 소량의 무기는 사살되거나 체포된 무장대의 수와 견줘볼 때, 이는 무기 부족을 말해주는 것이라고 분석했다.

희생자의 80퍼센트 이상이 토벌대의 손에 희생되었다. 이것은 1949년 미군 정보 보고서가 80퍼센트가 토벌군에 의해 사살됐다는 기록과 상통한다. 그렇다면 무장대에 의한 살상 행위는 얼마나 되는가. 4·3 무장봉기 초기, 무장대는 경찰, 서북청년회나 대동청년단 등 우익 단체원, 그리고 군경에 협조하는 우익 인사와 그들의 가족을 지목해 살해했다. 보복 살해였다. 이런저런 형태로 무장대에게 희생된 사람은 전체 사망자의 약 10분의 1에 해당된다.

무장대가 노인과 어린아이까지 학살한 것은 용납할 수 없는, 커다란 과오였다. 세력이 거의 소진되어갈 무렵 굶주림에 처한 무장대는 식량을 뺏으러 마을에 들어갔다가 보초 서던 주민을 살해하기도 했다.

이미 쇠잔할 대로 쇠잔해진 무장대는 이제 거의 수를 셀 정도가 되었다. 이때를 틈타 1949년 4월 9일 이승만 대통령은 정부 수립 이후 처음으로 제주에 내려와 유재흥 대령 등을 격려하고, 수만 명이 운집한 관덕정 광장에서 제주도민을 대상으로 연설을 했다. 여기서 그는 "아직도 반도가 남아 있다는 말을 들으니 섭섭하다"며 하루속히 사태의 진압을 촉구했다. 또 "정부와 미국인은 항상 제주에 대하여 많이 근심하고 있으며 원조 구호물자도 곧 공급할 것"이라고도 했다. 이어 5월 10일에는 재선거를 치러 국회의원을 뽑았다. 재선거는 1년 전과 달리 무사히 치러졌다. 5월 15일에는 제주도지구전투사령부가 해체되었다.

1949년 6월 8일 관덕정 광장. 엄청나게 많은 사람이 몰려들고 있었다. 십자가 틀에 묶인 시체 하나. 고개는 한쪽으로 비뚤어져 내려왔고, 자그마한 키, 시신의 윗옷 주머니에는 숟가락이 하나 꽂혀 있었다. 무장대 사령관 이덕구의 주검이었다. "이덕구의 말로를 보라"며 토벌대가 전날 사살한 무장대 사령관의 주검을 내건 것이다. 그의 최후를 보러 나온 사람들로 관덕정은 다시 한 번 북적거렸다. 그의 죽음이 의미하는 것은 컸다. 그것은 무장대의 저항이 거의 끝났음을 알리는 것이었다. 그렇다면 그렇게 평화는 오는 것이었을까. 또다시 섬을 강타할 거센 태풍이 한반도의 운명과 함께 오고 있었다. 섬 사람들은 까맣게 모르고 있었다.

아, 슬픈
중산간

여순사건과 국가보안법

1948년 10월 19일 정부가 제주4·3 진압을 위해 여수 제14연대에 제주도 출항을 명령하자, 이에 반대하는 14연대 군인들이 총부리를 돌렸다. 이들은 여수와 순천을 잇달아 장악하고 광양·구례·곡성·남원·벌교·보성·화순·이리로 진출했다. 이들은 또한 주요 정부기관과 건물을 접수하고 인민위원회를 조직했으며, 체포한 경찰관과 기관장, 우익 단체 간부를 사살하기도 했다. 당시 여순사건이 발생하자, 정부는 광주에 토벌군사령부를 설치하고 사령관에 육군총사령관인 송호성 준장을 임명, 신속한 진압을 계획한다. 주한미군도 적극 지원, 광주의 반군토벌사령부만이 아니라 전투 현장에도 군사고문을 배치했다. 10월 21일 이후에는 정부의 진압 작전이 본격화되자, 지리산에서 게릴라전이 벌어졌다. 당시 이승만 대통령은 여순사건이 일어나자, 이른바 공산분자·불순분자를 철저히 숙청할 것을 지시했다. 이에 따라 군과 정부기관, 학교 등 사회의 모든 분야에서 이른바 불순분자를 색출하는 대대적인 숙청 작업이 전개됐으며, 이러한 작업은 1948년 12월 1일 법률 제10호로 제정, 시행된 국가보안법으로 나타났다. 국가보안법은 반국가 범죄의 처벌이라는 기능과 함께 정치적 반대 세력을 억압하는 등 광범위하게 이용됐다. 이처럼 국가보안법은 국가 안보를 내세운 이승만 정권을 유지하고 반공 체제를 강화하는 바탕이 되었다.

한국전쟁의
회오리

6

ⓒ 강요배, 〈토벌대의 포로〉
97.0×162.0cm, 캔버스·아크릴릭, 1992년

이제 거의 한숨을 돌릴 때가 되지 않았을까. 그랬으면 했지. 허나, 4·3의 광풍은 여기서 끝난 것이 아니었단다. 희망은 그렇게 쉽게 다가오지 않았지. 1950년, 6·25전쟁 발발 직후였다. 1950년 7월 8일 전국적으로 비상계엄령이 선포됐다. 정부는 7월 16일 제주 주정 공장에 육군 제5훈련소를 설치해 신병 양성에 나섰다. 모슬포 육군 제1훈련소의 수많은 제주 청년들이 전장터로 나갔지. 3000여 명의 제주 청년이 해병대 3, 4기로 자원입대했다. 한국전쟁 당시 육군과 해병대에 입대해 참전한 제주 청년은 1만여 명에 달하는 것으로 추정된다.

이미 열여덟부터 20대는 위험한 나이였다. 젊은이들의 자원입대 선풍은 제주가 얼마나 공포의 땅이었나를 여실히 보여주는 사례였다. 살기 위해 군에 가야 했지. 어떤 이는 억울하게 찍힌 '빨갱이 낙인을 지우기 위해' '4·3 때 하도 무서우니까' '친구들이 가니까' 이유는 거의 비슷했지. 그렇게 '늠의 대동(남들 따라서 함께하는 행동)'해서 한국전쟁에 나섰다. 국가의 인정을 받는 길은 전쟁에 나서는 길밖에 없다고 생각했다. 이정순은 한림중학교 다니던 시절, 학교 운동장에서 전교생이 모인 앞에서 2명의 학생이 총살당하는 것을 직접 보고 난 뒤 무서워서 해병대 3기로 지원했단다. 1950년 8월이었다.

소년기에 고문을 받았던 이력 때문에 계속되는 뒷조사에 시달려야 했던 김주범이 선택한 것은 결국 군인이 되는 길이었다. 그는 19세에 해군에 자원입대, 자신의 반공 사상을 보여주려 했다 한다. 아버지의 행방불명으로 오랫동안 연좌제와 사회적 피해 의식에 젖어 살아왔던 사람들도 자원입대했다. '폭도 자식'으로 낙인찍힐까 봐서였다.

김명원은 농사만 짓던 부모가 '빨갱이'로 몰려 학살당한 이후 '빨갱이 새끼'란 굴레에서 벗어나기 위해 자원입대했으나 그곳에서도 수모를 당해야 했단다. 그렇게 참전, 국가가 인정했다고 자부심을 얻은 사람도 있었으나 돌아오지 못한 사람도 많았다.

그랬다. 제주 청년들의 군 입대는 생존을 위한 처절한 몸부림이기도 했다. 학살에서 살아남은 양태병은 한국전쟁이 나자 입대를 자원했으나 신체가 약하다고 세 번이나 떨어지자 애원하다시피 해 겨우 군대에 갔다올 수 있었다. 한국전쟁 때 자원입대했던 한 주민은 "어느 날 갑자기 불려가 아무런 저항도 못하고 죽는 것보다 전쟁터가 훨씬 더 안전했다"고 회고했다. 군대가 자신에게 낙인처럼 새겨진

붉은 색깔을 지워준다고 믿었기 때문이다.

예비검속,
되살아난 광풍

이 시기, 이승만 정권은 인민군에 동조할 가능성이 있다는 자의적인 판단 아래 아무런 죄도 짓지 않은 사람들을 전국적으로 예비검속이란 이름으로 잡아들였다.

4·3으로 이미 눈총을 받았던 제주 섬은 또 한바탕 소용돌이에 휘말리게 되고 말았다. 4·3 연루자 가운데 이미 훈방됐거나 석방된 사람들을 대상으로 대대적인 예비검속을 실시한 것이지. 고기 잡고 농사일만 하다가 느닷없이 형무소로 끌려간 사람들, 거기서 고생하다 돌아온 것도 억울한데 경찰서에서는 오라 가라 하며 다시 괴롭혔다. 예비검속으로 인한 희생자와 형무소 재소자 희생자는 3000여 명에 이른 것으로 추정된다. 유족들은 대부분 아직도 그 시신을 찾지 못하고 있다.

예비검속! 그 회오리바람은 너무나 큰 학살을 불러왔다. 1950년 7월 말부터 8월 말, 예비검속자에 대한 군 당국의 집단 학살이 대대적으로 이뤄진 것이다. 예비검속자들은 정뜨르비행장(제주비행장)과 알뜨르비행장(모슬포비행장) 등지에서 처형되거나 바다에 수장당하기도 했다. 얼마 없어 자신들이 파묻히게 될 운명도 모른 채 끌려간 사람들은 구덩이를 팠으며, 비행장의 거대한 구덩이들은 그렇게 그들을 숨긴 채 반백 년 넘는 세월의 입을 다물어버렸다. 허둥대며 가족의 얼굴을 찾으려 애를 썼으나 찾을 길 없었다.

이때 남편을 잃고 딸 넷을 키우며 홀로 평생을 살고 있는 제주시 내도동의 김만수 할머니. 이후 그녀는 괜히 심장이 뛰고 가슴이 아파 잘 걷지 못하는 병에 걸렸다. 아래는 그녀의 이야기다.

난 지금도 남편이 무슨 죄로 끌려가 죽어야 했는지를 알 수 없습니다. 남들은 그때 끌려간 사람들이 대개 바다에 빠져 죽거나 또는 육지 형무소로 보내졌다 하는데, 난 시신을 찾지는 못했지만 남편이 분명히 제주도에 묻혀 있다는 것을 압니다. 끌려간 지 3개월 후 남편이 꿈에 나타났기에 '육지로 갔다던데 어떻게 오셨습니까'라고 물었더니 '육지가 아니고 비행장 부근의 고랑창이야'라고 했습니다.

특히 모슬포경찰서 관내 예비검속자는 총 344명으로 이 가운데 252명이 군에 의해 희생됐다. 한국전쟁 발발 직후 일어난 예비검속 사건은 4·3과 관련되는 이, 혹은 그와 관계있는 사람들 아니면 전혀 관계없는 사람들일지라도 집단 학살한 국가 폭력의 한 전형을 보여준 사건이었다.

1950년 8월 20일 새벽 5시에는 모슬포 절간 고구마 창고에 갇혀 있던 사람들이, 같은 날 새벽 2시에는 한림어업조합 창고에 수감되었던 사람들이 끌려나와 총살당했다. 그 학살터는 남제주군 대정면 상모리 섯알오름. 이곳은 일제강점기 때 일본군이 탄약고로 쓰던 곳이었다. 군경의 삼엄한 경비로 유족들은 지척에 있는 부모와 형제자매, 남편과 부인의 시신마저 수습할 수 없었다. 울음마저 소리낼 수 없었다. 통곡 없는 슬픔 속에서 숨을 쉴 수 있었다는 것은 거의 기적 같은 일이었다. 1956년, 학살된 지 6년이 지나서야 모슬포 지역 유족들은 비로소 132구의 시신을 거두는 것이 허락되었다. 허나 이미 살은 썩어 누구의 시신인지 알 수도 찾을 수도 없는 일. 유족들은 대정면 상모리에 시신들을 안장하고 '백 할아버지의 한 자손'이라며 '백조일손지지'라 명명했다.

한림어업조합 창고와 무릉지서에 구금되었던 희생자 유해 63구. 이 억울한 뼛골들은 유족들이 총살 현장에서 비밀리에 시신을 수습, 금악리에 묻고 속칭 '만뱅듸공동장지'라는 묘역을 조성했다.

그대, 기억하는가 섯알오름
듣도 보도 못한 골짜기
모진 광풍에 스러지던
칠석날 새벽

부모 형제 임종 지키지 못한 불효
천년을 가도 지워지지 않는다는데
뼈마디 하나 겨우 추스른

주름진 세월

몇 번이나 새로 돋았을까 저 풀들
시퍼렇게 날 세우고
진초록 물결로
그 새벽 이슬길
몇 번이나 밟아 왔을까

얻어서도 옷이고
밥은 빌어서도 밥인데
얻지도 빌지도 못한 혼백
견우별, 직녀별로 피어올라
인연의 질긴 끈
놓지 못하는 사이

기다림에 지쳐
살과 뼈는 흙으로 돌아가고
체온은 햇볕에게 보태어
야만의 땅엔
날줄과 씨줄로 곱게 엮은
저토록 고운 벌판인데

— 강덕환, 〈만벵디〉 중에서

정녕 봄날은 검으나 붉은 흙 속에 꾹꾹 묻혀 있어야만 했을까. 섯 알오름길. 부모 형제 누이가 꼭 발견하기를 기다리던 주인 잃은 검 정 고무신들이 널브러졌다. 당시 경찰 공문서에는 1950년 8월 4일 현재 제주 도내 요시찰인 중 820명이 예비검속되어 있다고 적혀 있 다. 예비검속자들 가운데는 군에 갔다가 돌아온 사람들도 있었다니 이는 무엇을 뜻하는 것일까.

수형인, 행방불명된 사람들

감옥에서 살아 돌아온 자들은 목숨을 건진 것만으로도 스스로 위 안해야 했다. 군법회의 대상자들은 곧바로 서대문·마포·대전·대 구·목포·인천·전주 형무소로 수감되었는데, 이들 형무소 재소자 들 가운데 극히 일부는 형기를 채우고 출소하기도 했으나 상당수가 한국전쟁 발발 직후 행방불명됐다.

제주에서 이송된 4·3 관련 재소자는 일반 재판 수형인 200여 명 과 군법회의 수형인 2350여 명으로, 이들 2500여 명 대부분은 다시 는 고향 땅을 밟을 수 없었다. 유가족들은 그들을 행방불명 희생자 로 '제주4·3사건진상규명 및 희생자명예회복위원회'에 신고했다.

이들이 언제, 어디서, 어떻게 죽었는지 알 길이 없다. 하지만 대부 분 북한군 점령 직전 대한민국 국군에 의해 총살당했다. 어떤 아버 지는 아들의 면회를 갔다가 형무소에서 죽은 마을 사람의 유골을

4·3평화공원의 행방불명자 묘역. 멀리 한라산이 흰 구름을 이고 선명하다.

거두어 와 고향에서 장례를 치를 수 있게 하기도 했다. 20대에 청상
이 된 어떤 여인은 관을 들고 목포 형무소까지 가 남편의 뼈를 수습
해 오기도 했다.

　4·3으로 1954년까지 형무소에 수감됐던 사람들은 수천 명에 이
른다. 섬 어느 구석도 자유로운 곳은 없었다. 무슨 죄를 지었는지,
얼마나 감옥살이를 해야 하는지도 모른 채 갇혀야 했던 사람들이다.

한라산의 빗장 열리다

1953년 1월 말, 유격전 특수부대인 무지개부대가 투입돼 한라산에서 작전을 전개했다. 3개월 동안 모두 일곱 차례에 걸친 한라산 토벌 작전, 이때 무장대는 거의 소멸된다. 지역 주민이 담당했던 마을 성곽 보초 임무도 없어졌다.

1954년 9월 21일. 마침내 민족의 영산 한라산은 그토록 굳게 닫아걸었던 빗장을 열었다. 짙푸른 가슴을 활짝 열어젖혔다. 제주도경찰국이 한라산 금족 지역을 완전 해제, 전면 개방을 선언한 것이다. 사건의 처음부터 말없이 지켜봤던 한라산, 흐느끼듯 검은 능선만 들썩이던 한라산이었다. 1947년 3·1발포사건이 일어난 지 7년 7개월만의 일이었다.

두 얼굴의 미국

왜일까? 왜 그래야 했을까? 내내 의문이 들었을 것이다. 삶과 죽음이 한 떨기 동백꽃만큼도 못했던 1948년, 그해 초토화의 대참극을 가져왔던 4·3. 이 사건의 전개 과정을 따라오면서. 어떻게 인간이 인간을 학살하는 참담한 일이 그렇게 오래 이 섬에서 계속돼야 했던가. 아무런 죄도 없는 사람들이 그렇게 학살당하고 있을 때, 과연 그들을 보호해야 할 국가는 어디에 있었는가. 책임은 어디에 있는

가. 일찍부터 묻고 싶었을 것이다. 그것의 실체는 아직 다 밝혀지지 않았다만, 이제 드러난 것만으로도 우리는 말할 수 있는 것 아니겠느냐.

다시 밝히자면, 먼저 1948년 11월 중순께부터 1949년 3월까지 약 4개월간 진압군이 벌인 초토화 작전의 책임은 당시 정부와 미국에게 물어야 할 것이다.

그중 첫 번째는 이승만 정부와 현지 진압 작전을 벌인 지휘관들이다. 이승만은 대통령으로서 군 통수권자이기 때문이다. 제주4·3의 전 과정에 걸쳐 가장 처참한 집단 학살과 초토화 작전이 자행된 것은 대한민국 정부 수립 3개월 만인 1948년 11월 17일 이승만이 대통령령 31호로 제주도 전역에 계엄령을 선포한 즈음이다.

서북청년회도 이승만 정권 후원 아래 제주도 사태의 최일선에 서게 되었던 것이다. 이승만 정권은 제주도 사태를 순리대로 풀려고 하지 않았다. 원인은 치유하지 않은 채 오로지 강경 일변도로만 대응했다. 한 서청 단원은 "이승만 대통령의 허락 없이 어느 누가 재판도 없이 민간인을 마구 죽일 수 있는 권한이 있겠습니까"라고 증언했다지 않는가.

두 번째로, 미국의 책임을 덮어둘 수 없다. 그렇다. 무엇보다 4·3은 미국이 남한을 점령하고 있던 미군정 하에서 일어난 일이었다. 과연 그 사건의 핵심에 있었던 미국은 우리에게 무엇이었나 묻지 않을 수 없구나. 과연 미국은 그러한 야만을 저지를 권리가 있었는

제주농업학교에 설치된 미59군정중대 본부에 미 성조기가 펄럭이고 있다.
(1948. 5. 1. 미국립문서기록관리청 소장)

가라고 말이다.

1947년 3월 1일, 경찰이 제주읍에서 일단의 좌익 3·1절 행
사 참가자들을 공격하여 몇 사람을 죽이기 전까지는 제주 섬
에서 공산주의자들이 선동하여 일으킨 소요들은 제주도를 점
령하고 있는 미군에 의해 비교적 느슨하게 억제되어 있었다.
공격을 받은 섬 주민들은 경찰에 대하여 즉각적인 보복을 하
였고, 1년여에 걸친 유혈 폭력이 시작되었다.

제주도를 시찰한 이승만 대통령이 제주읍 관덕정 앞 광장에서 열린 환영 대회에서 연설하고 있다. 왼쪽은 유재흥 대령.
(1949. 4. 9. 제2연대 제주도 주둔기 앨범에서)

1949년 4월, 제주도 사태를 종합적으로 분석한 주한미군 사령부의 정보 보고서에 실려 있는 내용이다. 이 글은 사건의 도화선이 되었던 1947년 3·1발포사건에 대해 미군정 당국의 태도가 어떠했는가를 잘 보여주고 있다. 이것은 미군정도 3·1사건을 4·3의 발단으로 보고 있음을 알려준다. 또한 그들이 어떻게 3·1사건을 분석하고 있는지를 보여주는 글이다.

그런데도 3·1절 시위에 나섰던 평범한 도민들을 '좌익'이라고 단정했던 미군정. 그들은 사상이 무엇인지 모르는 사람들을 '붉은 사상', '빨갱이'로 몰아붙였다. 4·3 발발의 원인을 찾아내고 평화적인 방법으로 해결하려는 노력보다 오로지 무조건 진압을, 그것도 무차별 집단 학살이라는 강경 진압 작전을 편 것이다.

해방 공간의 제주도는 한반도의 축소판이라고 말한다. 물론 자치 활동을 벌인 것, 친일 경찰과 극우 청년단의 억압과 테러에 시달린 것 등은 남한의 여느 지역과 마찬가지였다. 다만 제주도는 다른 곳보다 더 강도가 심했다. 그것은 제주 섬을 견딜 수 없는 탄압과 수탈에 시달리게 했던 역사적 배경 때문에 더 그러했다. 이때문에 다른 곳보다 항쟁이나 소요가 더 거셌던 것이다.

4·3의 이러한 배경과 전개 과정을 미국은 처음부터 끝까지 그들 나름대로 파악하고 있었으면서도 제주민의 마음을 헤아리지 않았다.

또한 1948년 8월 15일 미군정이 끝나고 대한민국 정부 수립이 선포되었으나 한미 간 군사협정에 따라 여전히 작전지휘권을 장악하고 있었던 쪽은 미군이었다. 한국군을 지휘하고 통제하는 권한을 막강하게 발휘한 임시군사고문단. 한국군은 조직, 훈련, 무장은 물론 작전에 이르기까지 모든 부문에서 이 미군 고문관의 통제를 받아야 했다. 미 군사고문단은 연대나 대대 단위까지 상주하면서 모든 작전 과정에 대해 일일이 상부에 보고하고 있었다.

그들은 초토화 작전을 방조했으며, 경찰을 포함한 토벌대에게 무기를 제공했으며, 인간이 인간에게, 동족이 동족에게 가하는 집단 학살을 눈 뜨고 지켜보았다. 또한 그들은 그때의 살상을 낱낱이 일일 보고서를 통해 기록해놓았다. 그런데도 그들은 입을 열지 않고 있다.

한국군의 모든 작전명령은 발표에 앞서 미군 고문관과 협의를 거치도록 하고 있었다. 그럼에도 중산간 지역을 적성 지역으로 선포한 송요찬 9연대장의 1948년 10월 포고문에 대해 당시 미군 고문관은 자신은 전혀 몰랐다고 고개를 내저었다. 그때, 미군의 얼굴을 볼 수 있는 예 하나를 들겠다.

1949년 2월 20일, 제주읍 도두리 근처에서 '무장대 혐의자' 76명이 민보단의 죽창에 찔려 죽는 처형 장면이 미 군사고문단 일행 4명에게 목격되었다. 그 처형 작전은 군인과 경찰이 감독하고 있었다. 고문단이 현장에 갔을 때는 이미 절반인 38명이 처형돼 있었고, 나머지 38명에 대한 학살은 미 군사고문단이 목격했다. 미군 보고서는 사망자 가운데는 여자 5명과 중학생 나이의 수많은 어린이도 포함돼 있었다고 기록한다. 그렇다면 어린아이가 '무장대 혐의자'란 말인가. 그러나 그들이 이를 저지했다는 흔적은 없다. 목숨부터 살려보자고 하는 장면은 없었다.

한국군의 작전 통제권을 쥐고 있던 미군은 학살 현장을 방치한 채 단지 목격했을 뿐이라고 하고 있다. 이는 미군이 대규모 민간인 희생에 대해 책임을 면할 수 없다는 점을 보여주는 대목이 아닐 수 없다. 미국이 제주4·3에서 자유롭지 못한 이유가 여기에 있다.

그리고 국무회의 자리에서 "가혹한 방법을 동원해서라도 제주4·3사건을 완전히 진압해야 한국의 중요성을 인식하고 있는 미국의 원조가 가능하다"는 이승만 대통령의 지시는 무슨 의미인가. 이는 강경 진압 작전이 미국과의 교감 속에서 벌어졌음을 암시하고 있는 것이다.

일찍이 미군 보고서는 미군사고문단장 로버츠가 이승만 대통령, 이범석 국방장관, 채병덕 참모총장 등에게 보낸 1948년 12월 18일자 서신에서 중산간을 초토화시키며 집단 학살극을 자행한 송요찬의 작전을 성공 작전으로 높이 평가하고 대통령 성명으로 널리 알

제주도에 파견된 미고문관 러치 대위가 한 경비대 장교와 함께 작전지도를 펴놓고
진압 작전 계획을 세우고 있다. (1948. 5. 15. 미국립문서기록관리청 소장)

리도록 한국 정부에 요청했다고 기록하고 있다. "송요찬 중령은 섬
주민들의 당초의 적대적 태도를 우호적·협조적 태도로 바꾸는 데
대단한 지휘력을 발휘하였다"고 칭찬한 것. 그러니 "잘했다"고 언론
과 대통령 성명으로 크게 알려야 한다는 것이다.

　여기에 대한 즉각적인 화답이 이뤄졌다. 채병덕 참모총장, 그는
사흘 내에 보낸 답신에서, 송요찬에게 훈장을 수여할 것임을 약속했
다. "국방경비대 9연대장 송요찬과 미국 고문관들이 제주에서 보여
준 활약상에 대한 칭찬과 그에 상응하는 적절한 상을 주겠다"는 내
용이었다.

1948년 12월 9일 유엔총회에서 채택된 '집단살해(제노사이드) 범죄의 방지 및 처벌에 관한 조약'에는, 제노사이드를 유엔의 정신과 목적에 위배되고 문명 세계에 의해 단죄되어야 하는 국제법상 범죄임을 분명히 명시하고 있다.

4·3 당시 초토화 작전은 반문명적, 반인간적 만행이었다. 국제법으로든 국내법으로든 도무지 용납할 수 없는 범죄였다. 그러나 제주 섬에서 수만 명의 무고한 죽음이 있었다는 것은 무엇을 의미하는가. 제주도의 학살은 이 조약을 철저히 어겼다.

미국의 세계적인 석학이자 사상가 노암 촘스키도 "1945년부터 1949년 6월까지 미군이 한국의 군대와 경찰을 지휘 통제했기 때문에 제주 섬에서 발생한 모든 학살극과 잔혹 행위에 대해 미국은 윤리적 책임뿐 아니라 실체적이고도 법적인 책임이 있다"라고 했다. 이제는 미국, 그들에게 물어야 할 때다.

아무런 사상도 없던 대부분의 사람이 험악했던 지옥의 바다에서 허우적대는 동안 이승만의 등 뒤에 서 있던 미국, 미국은 진정 우리에게 무엇인가?

집단학살, 증언들

7

"차마 사람이 사람을 죽이랴"

광풍, 사라진 사람들

아! 북촌리, 통곡할 수 없는 슬픔

ⓒ 강요배, 〈붉은 바다〉
97.0×250.0cm, 캔버스·아크릴릭, 1991년

알겠느냐. 살벌했던 세월, 삶과 죽음은 종이 한 장 차이였음을. 내일을 기약할 수 없는 섬 사람들이 공포의 한복판에서 을씨년스런 들판을 헤매야 하였음을.

1948년 무자년, 1949년 기축년 그해. 한라산은 떠나지 못하는 넋들의 울음소리로 가득 찼지. 짐승처럼 기어야 할 만큼 눈이 많았던 그 겨울, 밤이면 한라산 새하얀 눈벌판 위로 차가운 별빛만 초롱초롱 피난민을 지켜주었지.

그렇게 산 위를 헤매다 헤매다 눈에 얼어붙어 너부러진 수많은 주검을 만났다는 이들, 곡절없이 경찰에 끌려가 등짝이 나가는 고문을 받았다는 이, 아이 안고 쓰러진 어머니, 괄락괄락 쏟아지던 그 어미의 피 젖을 빨던 갓난애가 있었다는 이야기, 죽어가면서도 끝내 가문의 아이만은 살려야 했다는 여인들의 이야기가 눈처럼 참혹하게 쌓여만 갔다. 그해 겨울이었다.

대체 가난하나 따스하던 웃음소리는 다 어디로 간 것일까. 올렛길에서 맞이하던 어머니 아버지는 다 어디로 간 것일까. 부모 잃은 아이들은 '업게(업저지, 어린아이를 업어주며 돌보는 여자 하인)', 수양딸, 남의 집 머슴으로 들어가기도 했다. 행방불명된 이가 늘어났다.

어떻게든 먹고 살아야 했다. 숨막히는 겨울이 사그라졌다. 집집마다 깨진 항아리, 검은 항아리에 겅중겅중 어둠만 깊이 내려앉았다. 도망치다 보면 엄마와 아이가 하얗게 얼어 죽은 모습도 보였다. 시신마저 못 찾은 사람은 또 얼마나 많으냐. 그해 겨울은 그토록 가혹했다.

오름은 오름끼리 어깨 걸고, 어둠 속에서 둥글게 숨죽이고 있었다. 수많은 잃어버린 마을, 이 마을들의 이름을 기억한 채. 이 땅의 산야는 화산이 폭발하던 날처럼 엄청난 충격에 휩싸여야 했다. 뜨거운 마그마가 부글거리는 땅 위에서 태어난 제주 사람들은 화산 같은 폭발을 다시 한 번 경험해야 했다.

알겠느냐. 초토화 속의 그 학살극을. 어떻게 다 말할 수 있겠느냐. 다만 말할 수 있는 것만 말할 뿐이다. 그날 이후, 마을의 봄은 사라졌지. 팽나무 그늘 아래 수백 년 모여 정을 나누던 이웃 삼촌, 한 마을 한 가족이었다. 목축과 농사를 천직으로 삼던 사람들, 박한 농사일도 서로서로 '수눌음(품앗이)'하며 살던 오래된 마을들은 다시는 찾을 수 없는 영원히 사라진 마을이 되었구나.

서로를 두려워하는 마음, 마을 사람끼리 서로 대립된 마음의 불꽃이 들고 나고 하던 시기였다. 살을 에는 추위와 굶주림으로 너무도 처절했던 한라산 자락 아래 사람들. 옹기종기 모여 살던 중산간 마을 사람들은 다만 조상들이 그곳에 터를 잡았다는 이유 하나로 다가올 죽음의 공포 속에서 파들파들 떨어야 했다.

다시 쳐다보기도 겁이 나는, 처참했던 사례는 그 학살의 지옥에서 살아남은 사람들의 입으로 입으로 전해들을 수밖에 없구나. 허나 이 것은 그 사례의 단 일부에 지나지 않음을 알아야 한단다.

"차마 사람이 사람을 죽이랴"

1948년 11월 13일 새벽 5시께. 조천읍 교래리. 설촌 700년의 역사를 간직한 이 100여 가구의 중산간 마을에 콩 볶는 듯한 총성이 터졌다. 갓 잠에서 깨어난 주민들은 혼비백산, 우왕좌왕 뛰쳐나오다가 어디선가 날아오는 총에 맞아 쓰러졌다. 차마 문지방을 넘지 못한 병중의 할머니 할아버지는 그 자리에서 죽거나 집과 함께 무너졌다.

순식간에 연기만 냈다가 불더미에서 살아남은 용암의 돌담은 묘한 색감을 풍기며 남아 있었다. 무차별 학살극에 시신들 대부분은 불에 탔다. 열네 살 난 소녀의 시신에는 대검이 찔려 있었다. 만삭의 여인도 철창에 찔려 있었고, 갓난아이마저 총살에서 비껴가지 못했다. 산 자들에게 학살의 장면을 보게 만들었으며, 마을 사람끼리 서로를 때리게 했으며, 젊은 여성들은 발가벗겨 모욕적인 죽음으로 몰아갔다.

　희생자는 대부분 노약자, 여인, 어린아이였다. 당시에 어린아이는 부모와 같이 있다가 부모가 총살되면 같이 총살되는 거였다.

　무서워서 숨으면 '폭도'라고 해서 붙잡아 갔고, 술병 들고 제삿집 가는 사람도 끌어갔고, 키가 크니 산사람 같다며 잡아갔고, 이발하던 이발사가 잡혀갔고, 낚싯대 만드는 것을 무기를 만들고 있는 거라며 끌고 갔다. 조 코고리(이삭) 따러 갔다가, 검질(김) 매러 갔다가 죽었다. 어떤 이는 소여물을 먹이러 가다가 소가 소란을 피우며 도망치자 이를 잡으러 가는 걸 군인들이 쏘아버렸다.

　설마 애기 업은 사람도 죽이랴 해서 집에 남았던 한 여인. 그녀도 세 살 딸을 안고 열 살 아들과 마당에서 불붙이는 군인들을 피할 수 없었다.

　그러한 토벌대의 잔혹한 학살 현장에 있었던 당시 서른 살의 엄마 양복천. 초등학교 2학년 열 살 아들이 그녀의 눈앞에서 속엣것 다 토해내며 죽어가는 것을 봐야만 했다. 총상 입어 우는 딸에게 울면 발각된다고 울지도 못하게 했던 그녀, 양복천 할머니의 이야기다.

　차마 사람이 사람을 죽이랴 헷수다. 팡! 허난 셋이 마당에 엎어진 거라. 처음 오는 군인들이 불붙여부난 놀란 부엌에 들어가부럿수다. 등에 업은 딸은 빽빽빽 울고 열 살 난 아들은 옆에 서 있었주. 올레 밖에 도망가려는 참에 군인이 탁 앞에 완.

박박 털명 난 '선생님 날 살려줍서' 빌엇수다. 그때 총이 팽 허난 딸 업은 채로 난 쓰러졌수다. '어머니!' 아들이 달려드난 바로 총이 아들한테 갔수다. '엄마야, 엄마야' 허난 '저거, 아직도 안 죽었네' 허명 팡 쏘안. 아직도 그 목소리가 생생허주. 가슴을 정통으로 맞히난 아들은 심장이 다 나완. 난 등허리로 맞은 총이 옆구리로 나오난 딸아이 다리까지 총에 맞안. 그날은 세 살 되는 딸 생일날이랏수다. 그땐 그 사람들이 사람이 아니엇수다.

1948년 11월 13일 새벽, 원동마을로 향하던 제9연대 군인들은 하가리를 지난다. 그 시각 중동네 정기봉의 집에서는 몇몇 사람이 모여 추렴한 돼지고기를 안주로 술잔치를 벌이고 있었다. 토벌대는 우선 환히 불이 켜진 채 사람들이 모여 있는 그의 집을 덮쳤다. 또한 이웃집들에도 들이닥쳐 잠자던 주민들을 닥치는 대로 끌어냈다. 그러고는 다짜고짜 정기봉의 집 등 이웃 14채의 가옥에 불을 지르면서 사람들을 속칭 '육시우영'이라 불리는 인근 밭으로 끌고 가 27명을 집단 총살했다. 희생자 중 고순화는 만삭의 임산부였다. 이날 정순아 가족 중에서 5명이 희생당했다. 군인들은 아이들과 여자들을 꿇어앉혀 놓고 총살 장면을 구경하게 했다. 군인들은 총을 난사한 후에 목숨이 붙어 있는 주민들은 대검으로 재차 학살했다. 이 자리에서는 자신의 남편이 총살당하는 것을 아무 말도 하지 못하고 지켜봐야 했던 사람도 있었다.

1948년 11월 13일 같은 날, 애월면 소길리. 오지 중의 오지, 15가 호가 살던 중산간 원동마을은 이미 앞서 하가리에서 무차별 학살을 한 군인들이 이 마을에 무장대가 집결해 있다는 소식을 듣고 달려 들었다. 이날만 원동주민 34명을 포함해 50여 명의 죄 없는 주민들이 쓰러졌다. 이때 80명 이상이 희생됐다. 난폭했던 초토화의 광풍은 모든 것을 앗아갔다.

그날 원동은 완연한 초가을. 감자·콩·팥, 밭에는 산듸(밭벼). 한창 바쁜 시기였다. 집집마다 농민들이 수확해놓은 농작물로 가득했고, 수확을 기다리던 곡식도 있었다.

이날 이후, 원동은 지도 상에서 영원히 사라진 마을이 되었다. 이때 다리에 총을 맞고 두 언니와 살아남은 김영자는 당시 두 살배기. 아버지 4형제가 한날한시에 희생되는 비극을 겪어야 했다. 식민지 시기 일본에 살다 해방된 고향 마을로 돌아온 지 얼마 안 된 시기였다. 어머니도 그를 안고 있다가 얼굴에 총을 맞았다. 눈 바로 아래까지 난 흉터는 깊었다.

그 밤에 김영자는 어머니 젖을 먹은 게 아니라 피를 빨고 있었단다. 총소리는 팡팡 나는데 일곱 살, 네 살, 두 살짜리 딸 셋은 그 컴컴한 밭에서 할머니가 어머니 상처를 수습하고 올라올 때까지 그대로 있었다.

같은 마을, 그날 학살터에서 살아남은 고남보는 당시 열일곱 살이었다.

그때 이른 새벽에 군인들이 후레쉬를 들고 '일어나 일어나'하면서 한 사람은 깨우면서 내쫓고 뒤에서 한 사람은 나가는 사람을 인솔해서 맨 윗동네 한 집으로 데려가는 거라마씸. 칼빈 소총하고 그 따발총 갖고. 아마도 1개 소대쯤. 한참 있으니 날이 누렇게 밝았어요. 포승줄이 농촌에 없으니까 쇠빼, 쇠질매 허는 끈, 그걸로 잡아간 사람 전부 묶었어요. 손을 앞으로 묶고 묶고 길게 해서 굴비 엮듯 묶었어요. 일곱 사람 정도예요. 폭도 있는 델 가르키라는 거지요. 저녁 여덟 시쯤 몬딱 총살시켜버렸어요. 그전에 그들이 밥 다 먹고 허는 얘기가 너희들은 남자는 총으로 팡 쏘아 죽이면 갈라정 죽고 여자는 팡 쏘면 엎어져 죽곡 어린애기는 악악 세 번 이상 울어서 죽고. 어른은 아무 깩 소리도 못 허고 죽는단 말이야. 이런 것도 주민들한테 가르쳐줬어요. 그다음에는 제주읍 관덕정 연대본부로 무전을 칩디다. 이제 원동지경에 주민들 몇 사람을 포위해 놨는데 어떻게 하면 되겠느냐 하는 것을 들었어요. 한참 있으니까 전부 일으켜 세워가지고 주막 공회당 마당 밖으로 끌고 나가서 동그랗게 앉게 하고는 거기서 뱅 돌아가면서 군인들이 엠원 소총에 대검을 딱 꽂고 포위해요. 날은 이제 어두워가는데 '너희들은 10분 내로 다 죽어질 줄 알라' 하는데 그 순간 애월남로로 차가 올라옵디다. 그 차에 아마도 무전 치니까 무전 받고 올라온 거죠. 난 '에고, 저 총소리 들으면서 죽을 수 있나 차라리 도망치다 죽자' 했어요. 마침 나만 앞으로 결박했어요. 그때 난 열일곱 살인데 키가 작고 어리게 보이니까 인근 숲덤불로 도망쳐 운 좋게 살았어요. 잠시 후엔 총소리가 팡 났어요. 군인들은 시신 위에 식량과 이불을 덮어놓고 불을 붙이고 달아나버렸어요. 의붓엄마는 애기 업은 양 총을 딱 쏘아버리니까 엎어져 실탄이 업은 우리 동생 등으로 나가서 엄마 머리를 타고 나가버렸어요. 머리를 쓸려서 머리는 한불 타서. 다섯 살 난 우리 남동생은 그 자리에서 죽어버렸습니다.

집에서 부리던 밭갈쇠나 말들도 두고 가기 아까워 피난 가며 끌고 갔다가 배고픈 사람들의 식량이 되기도 했다. 두고 간 외양간의 그것들은 주인 잃고 끌려가거나 들판 아무 데서나 보이면 총에 맞았다.

하루저녁 말들을 매어두니 눈은 항아리만큼 퉁퉁 부어불고, 나무도 하나 못 보게 눈을 콱 묶었는데, 하루저녁 지내니까 말갈기, 총을 자기덜끼리 전부 뜯어 먹어서 완전 없더렌. 얼마나 시장했으면 말들이 그럴 건가. 나무, 그 매운 나뭇가지는 국두(끝)까지 다 먹어불고…. 하다 안 되니까 말갈기라고 헌 게 이 머리 닮은 거, 꽁지를 다 자기덜끼리 서로 다 뜯어 먹고 없더라고 해. 말도 배고프니까.

지금도 그 풍경을 잊을 수 없다는, 상상도 못할 이야기가 전해졌다. 약으로 쓰려 해도 어디서 소나 말을 구할 수가 없었다.

광풍, 사라진 사람들

네가 물었지. 영화 〈지슬〉에 나오는 동굴은 무엇이냐고. 그렇구나. 그 동굴은 동광 '큰넓궤'란다. 너도 한번 굴에 들어가 본 적이 있지. 그 굴에 들어갔을 때의 암흑을 떠올려보렴. 컴컴한 동굴 속에서 사람들이 얼마나 두려움에 벌벌 떨었을지를 말이야.

눈 시리도록 아름다운 용눈이오름의 잿빛 능선, 바람소리, 별 총총 잠 못 드는 밤하늘, 여인의 죽음, 숨 막히게 매혹적인 흑백의 영상이 가슴을 콕콕 헤집던 영화 〈지슬〉의 명장면을 기억하는지. 그런 밤이었지.

이 무렵, 130가구가 살던 남제주군 안덕면 동광리 사람들은 죽기 살기로 도망쳐야 했다. 아무리 도망쳤으나 동광리 속칭 '무등이왓' 에서 약 100명, '삼밧(삼밭)구석'에서 약 50명이 죽어갔다.

1948년 그해 11월 15일. 동광리 무등이왓. 이곳 역시 4·3 광풍으로 사라진 마을이 되었다. 한꺼번에 초가를 불태워버리자 창에 찔리고 총에 맞고, 불에 타며 29명이 죽어갔다. 시신 위에 불을 붙였다. 토벌대가 들이닥쳐 마을 주민들을 학살하고, 사흘 뒤 마을을 불태워버린 것이다. 주민들은 토벌대의 공세를 피해 일단 산으로 들어가 숨어서 목숨을 부지해야만 했다. 대밭 속에 숨어서 보면 하늘은 벌건 바다였다.

당시 열 살 소녀였던 홍춘호 할머니. 그녀는 그때 하늘이 어떻게 생겼는지 한 번만 볼 수 있었으면 했다. 어두우면 아버지는 나가서 어디서 범벅을 해 왔다. 허나 4·3의 와중에 세 남동생을 잃었다. 그녀는 지금도 세 살 아이가 죽은 어머니 가슴을 파고들던 장면을 잊지 못한다. 어린 아들이 나무 위에서 어머니를 죽이는 장면을 목격했었다던 아버지의 기억을 잊지 못한다.

제일 무서웠던 건 가만히 숨죽여 있으면 토벌대가 '어이어이' 총 팡팡 쏘면서 달려오는 것 같았단다. "우린한테로만 오는 것 같아 빨리 오늘 하루 해가 저물어가면 오늘 하루 살아졌구나. 빨리 어둠이 오기만을 기다렸수다."

조 고구마 팥 메밀 밭벼를 장만하던 주민들은 마음부터 허둥지둥 쫓겨다녀야 했다. 소개령이 내려진 그날, 10여 명의 노인이 학살된 것을 시작으로 4·3이 끝날 때까지 무려 200여 명이 희생당했다. 어떤 여자들은 멍석 초석에 말아 불을 붙였다 한다.

토벌대의 총살이 심해지자 살기 위해 삼밧구석, 간장마을, 무등이 왓 마을 주민 120여 명의 주민이 찾아든 곳이 '큰넓궤'. 제주 말 그대로 크고 넓은 동굴인 이 궤는 그야말로 한 사람이 들어가기에도 좁다. 더듬더듬 최대한 자세를 낮추고 오리걸음으로 통로를 통과해야 한다. 엎드려서 겨우 들어가면 표주박처럼 이어지는 둥글고 넓은 굴속 세상이 펼쳐진다.

이 캄캄 굴속에서 사람들은 60여 일 동안 공포와 두려움에 떨면서 하루 한 끼 좁쌀 미음, 감자, 고구마 범벅으로 허기를 달래야 했다. 말을 많이 하면 기운이 나간다고 호흡마저 죽여야 했다. 풀죽도 없을 때가 많았다.

1948년 10월 17일 제주 섬에 포고령이 내려지고 한 달 후 계엄령이 선포될 무렵 해안선으로부터 5킬로미터 이외의 중산간 주민들은 누구든 통행증 없이 다니는 자는 처벌된다. 그 시기, 제주 섬의 작은 마을 동광리 주민의 목숨은 그들의 것이 아니었다. 물로 뱅뱅 둘러쳐진 섬, 어디로 도망갈 데도 없었다. 여기 숨고 저기 숨고, 사람들은 죽지 않기 위해 단지 목숨만 부지할 수 있을 만큼만 먹었다. 삼밧구석 사람들은 겨울인데도 웃통 벗고 짚신 삼는 일상을 이어갔다. 물이 굴 천장에서 떨어지면 돌에 고인 물을 억새 대롱으로 빨아 먹으며 살기도 했다.

굴마저 결국 토벌대에 발각되자 주민들은 갖고 있던 이불솜, 마른 고추 등으로 연기를 내보내 토벌대가 들어올 수 없도록 하는 기지를 발휘하기도 했다. 삼밧구석에 살았던 김연춘, 김연옥 할머니는 당시 열 살, 일곱 살이었다. 이들은 이때 할머니 할아버지, 부모, 형제를 토벌대가 잡아가 모두 잃고 졸지에 고아가 돼야 했다. 그리해서 부모님 시신도 수습하지 못하고 시신 없는 '헛묘'를 만들기도 했다. 그 '헛묘'를 만든 이는 이들뿐이 아니었다.

막아놓은 돌을 토벌대가 치워 가까스로 볼레오름이나 미오름 등지로 눈 위의 짐승마냥 뿔뿔이 살 곳을 찾아 흩어지던 주민들. 토벌대는 눈 덮인 한라산을 누비며 보이는 사람들은 모두 잡아들였다. 볼레오름에 숨어 있던 사람들은 1949년 1월경 거의 붙잡혀 수용소로 보내졌다. 홍춘호 가족도 백기 들고 귀순했으나 화순지서를 거쳐 통통 똑딱선 타고 서귀포 단추 공장 수용소로 보내졌다. 거기선 고아들도 생겨났고, 그녀도 '업게'로 몇 달 살기도 했다.

"모르쿠다" 하면 무조건 총살. 살벌했다. 토벌대는 마을 사람들을 모아놓고 사살하는 장면을 직접 보도록 했으며, 어느 마을에선 저희끼리 불 지르라고 했다. 형이 없으면 아버지가 불을 지르게도 했다.

1948년 11월 15일 새벽. 표선면 가시리. 진압군은 중산간 마을이 무장대의 근거지라며 닥치는 대로 총격을 가했다. 이날 숨을 거둔 30여 명은 대부분 노인과 어린아이. 자식이 사라졌다는 이유로 60대 이상 노인들이 희생된 것이다. 이때 어린아이가 유독 많았던 안인순 가족은 한 살배기부터 네 살, 일곱 살 아이까지 14명이 목숨을 잃었다. 당시 열네 살이었던 안인순은 외갓집에 숨어 살았던 덕에 목숨을 건질 수 있었다. 그녀의 말이다.

우리 집 5남매, 작은 아버지네 집, 사촌 고모, 아들 3남매 아이들이 많이 죽었습니다. 작은 아버지네 가족 열일곱 살(남), 일곱 살(여), 네 살(여), 한 살(여)짜리와 우리 친동생 열두 살(여), 열일곱 살, 열아홉 살 언니, 고모님과 열두 살 남자, 일곱 살 여자, 네 살 남자아이 모두 14식구를 잃어부럿수다. 토벌대가 집 안에 불을 붙여분겁주. 고모님네는 멸족됐습니다.

이처럼 갑자기 마을에 들이닥쳐 총살극을 벌였던 토벌대는 살아남은 사람들에게 소개령을 내렸다. 그러나 토벌대는 자신들의 명령에 순응해 해변 마을 표선리로 소개한 주민들을 1948년 12월 도피자 가족이라고 몰아 76명을 집단 학살했다. 당시 스물세 살이었던 오태경의 증언이다.

토산리 창고 부근에서도 총살이 있었는데 사람들을 모아놓고 구경하라고 했습니다. 그리고 자기들이 총살할 때 박수를 치라고 했습니다. 총살 때 아기가 폴폴 기어서 위로 올라오니까 아기에게도 총을 쏘았습니다.

1948년 12월 10일 이른 아침 애월면 하귀리 개수동. 갑자기 들이닥친 경찰과 대동청년단은 주민들을 속칭 비학동산으로 집결시켰다. 주민들이 숨을 곳은 더 이상 없었다. 이날 키가 작아 어머니의 피범벅에 묻혀 살아날 수 있었던 당시 아홉 살 아들의 기억은 참혹하다. 그 아들 안인행은 어머니의 죽음을 이렇게 떠올린다.

순간 총소리가 요란하게 나자 바로 옆에 나란히 묶인 어머니가 나를 덮치며 피로 범벅이 됐습니다. 경찰들이 총에 덜 맞은 놈이 있을지 모른다면서 일일이 대검으로 찔렀으나 그때도 난 어머니 밑에 깔려 무사했습니다. 이렇게 해서 우리 네 형제는 졸지에 고아가 됐는데 일곱 살 난 동생은 홍역으로, 젖먹이 막내는 젖을 못 먹어 죽었습니다.

4·3을 겪은 사람들은 "볶은 콩에도 싹이 난다"는 말을 한다. 다 죽은 줄 알았으나 살아남는 자들이 있게 마련이었으므로. 그렇게, 어머니의 몸이 그를 살렸다.

1948년 12월 18일, 무차별 학살극을 피해 중산간에 은신해 있던 사람들이 대거 희생당한 날이다. 이들 중 '다랑쉬굴'에 숨었던 사람들(하도리 종달리 주민 11명)은 토벌대가 밖에서 연기를 피우는 바람에 질식사했다. 열 살짜리도, 여인도, 노인도 그때 그렇게 갔다. 당시 이들과 숨어 있었던 채정옥은 밖에 나왔다가 사건 다음 날 굴속에 들어가 보니 "그때까지도 굴속엔 연기로 차 있었고, 너무나 괴로워서 어떤 사람은 손톱이 없을 정도로 이리저리 벽이나 땅을 파다가 죽은 사람도 있었다"고 전했다.
웅장한 물소리를 내며 바다로 직접 떨어지는 국민 관광지 서귀포 정방폭포, 동굴 속에서 숨어 지내던 동광리 마을 주민 등 많은 사람이 굴비 엮이듯 손 묶인 채 아득한 폭포 아래로 갔다. 폭포는 비명을 삼켜버렸다.

1949년 1월, 이 폭포 부근에서 벌어진 집단 총살에서는 동광리 주민 가운데 20여 명이 줄줄이 희생됐다. 으깨어진 몸으로 주변은 흥건한 피바다. 폭포는 찢어지는 비명마저 삼켜버렸다. 토벌대는 어린아이, 여자, 노인마저 줄줄이 밀어 넣었다. 시신조차 찾을 수 없는 그들은 산 자들이 만든 '헛묘'로나마 영혼의 봉분으로 잠들고 있다. 이 무렵, 정방폭포에서 죽은 남편을 찾아 헤매던 한 아내는 그 후 그만 눈이 멀었다. 어린 손녀가 할머니의 지팡이 노릇을 했다. 주민 백문수의 증언이다.

> 당국에서는 희생자들이 죽은 지 몇 개월이 지난 후에야 시신을 찾아가도록 했습니다. 그러자 송군옥 씨의 아내는 정방폭포 부근으로 가서 시신을 찾아 헤맸습니다. 그러나 여름철이라 이미 시신이 문드러진 데다 그 많은 시신 중에 자기 가족을 찾기란 쉬운 일이 아니었지요. 울고불고하면서 열이 팡팡나는 많은 시신을 만졌던 손을 눈에 갖다 대는 바람에 독이 올라 눈이 먼 겁니다. 그 후 눈먼 40년의 생을 살았지요.

1949년 1월, 성산포에 주둔하던 서청특별중대에 성산포 지역 주민들이 고문당하고 취조를 당하다 희생당한다. 성산일출봉 앞 터진목은 성산면 온평·난산·수산·고성 등 인근 마을 주민 수백 명이 집단 학살당해 흘린 피로 흘러넘쳤다.

아! 북촌리, 통곡할 수 없는 슬픔

남자들이 모두 핏빛 바다로 떠난 그날 이후
북촌 여자들은 물질할 수 없으면
바다를 떠나야 했다

그날 이후
북촌 여자들은 온통
바위섬을 건너야 했다

한 입과 입을 위해
언물에 몸을 밀어넣었다
온 힘 다해 쌓이고 쌓이는
폭설 같은 사랑을 쏟아부었다

빈 가슴 안 먹고도 바닥까지 갈 수 있는 힘줄 만들었다
하루 일당 못 벌면 콱 죽을 것만 같아
가슴속 열꽃 식히지 못해
섬과 섬 너머서 사생결단 벌였다

모두가 대군
물질 끝나 돌아가던 통통배

순간 한 치 눈치챌 수 없이 매복하던
강골의 바람살
물위 물 아래 위태위태하더니
엎어지고 까무라치고 부서지더니

북촌 해녀 너도 나도 혼 줄 모아
기댔다 두렁박 하나에
등대처럼 기다리는 힘 하나
파도 건너 또랑또랑
어린 입, 입들

— 허영선, 〈북촌 해녀사〉

그 겨울, 가장 잔인했던 대학살이 몰아쳤다. 그날은 1949년 1월 17일(음력 1948년 12월 19일)이었고, 그곳은 제주읍의 동쪽 바닷가 마을 조천면 북촌리였다.

사건은 세화리에 주둔하던 2연대 3대대의 중대 일부 병력이 대대본부가 있던 함덕으로 가던 도중 일어났다. 이 마을 어귀 고갯길, 무장대 기습을 받아 2명의 군인이 숨지면서였다. 의논 끝에 시신을 들 것에 실어 대대본부로 달려간 마을 원로들. 허나 이미 흥분할 대로 흥분한 군인들은 그들 가운데 경찰 가족 1명을 빼고는 모두 사살해 버렸다. 곧이어 장교의 인솔 아래 2개 소대쯤 되는 병력이 마을을 덮쳤다.

집단 학살,
증언들

무장 군인들이 마을을 포위하고 집집마다 들이닥쳐 총부리를 겨눈 것은 오전 11시 전후. 늙고 병든 할머니, 할아버지, 어린아이까지 1000여 명의 마을 사람을 전부 북촌국민학교 운동장으로 모이게 했다. 마을은 화염에 휩싸였다. 그야말로 하늘은 붉은 바다, 파도는 내장을 다 드러낸 채 함께 울었다.

다시 운동장. 마을 보초를 잘못 섰다는 이유로 현장 지휘자는 민보단 책임자를 나오도록 했다. 즉결 처분이었다. 운동장은 삽시에 광란의 현장으로 엉키고 뒤엉켰다. 이어 "군경 가족은 따로 나와라" 어린 학생들에게는 "빨갱이 가족을 찾아내라"며 들볶았다. 이어 주민들 수십 명씩을 인근 밭으로 끌고 나가 사살하기 시작했다.

아비규환. 머리에 총상을 입고 쓰러진 어머니, 그 위로 갓난아기가 꼼지락거리고 있었다. 자식을 살리기 위해 총알을 맞은 어머니가 있으며, 어머니가 죽어가는데 나는 왜 살아야 하느냐며 어머니 곁으로 달려가 함께 총을 맞았던 젊은 딸도 있었다. 그 딸 역시 자식들의 어머니였다. 이러한 소름 끼치는 주민 학살극은 오후 5시께, 대대장의 중지 명령이 있을 때까지 계속되었다. 이날 희생된 이는 모두 300명가량.

대대장은 살아남은 주민들에게 다음 날 함덕으로 오라고 명령하고 병력을 철수시켰다. 다음 날은 산으로 피신해 간 사람, 함덕으로 간 사람 양쪽으로 갈라졌다. 함덕으로 간 사람들이라고 목숨이 안전했을까. 또다시 빨갱이 가족 색출 작전에 휘말려 100여 명이 희생된다. 단 이틀 동안이었다. 북촌리 주민 400명 이상이 목숨을 잃었다.

이때 희생자 가운데는 80명 이상의 아이들이 들어 있었다. 아이들의 비명 소리에 파도도 숨을 멈췄다. 이로 인해 고아가 생겼으며, 어머니의 가슴팍에서 살아난 아이는 살았으되 소년 가장이 되어야 했으며, 졸업을 앞둔 아이들은 졸업을 할 수 없었다. 북촌국민학교는 이 광기의 대학살을 고스란히 목격했다.

김석보의 어린 동생들도 북촌 '너븐숭이'에 잠들어 있다. 시아버지, 남편, 아이 잃고 그 학살의 한가운데서 남은 아이들을 지키며 살아남은 여인. 아흔을 훌쩍 넘긴 홍순 할머니의 뇌리엔 아직도 그 장면이 복사기에 찍힌 것처럼 각인되어 있다.

> 피가 콸락콸락 쏟아지는데 세 살배기 아이가 젖인 줄 알고 빨아 먹고 있었어. 징그러운 시절이야. 또, 신혼 이틀 만에 죽은 사람이 제일 안 되었어. 어디 갔다 오다가 번쩍하게 군인들이 나타나서 돌아서니까 그냥 죽여버렸어. 그 새댁은 그 당시는 안 죽었지만 곧 죽었지. 개 죽은 것처럼 묻지도 못했어.

그날 다섯 발의 총알을 맞고 어머니는 그 자리에서 쓰러졌으나 그 어미의 품에 있던 아홉 살의 아들은 손등으로 날카로운 한 발의 탄환이 스쳐갔다. 기적처럼 살아났다. 허나 아들은 자신의 손목 하나를 잃었다. 눈먼 할머니와 동생과 함께 남겨진 그는 졸지에 소년 가장이 되었다. 팔에는 호미를 감고 김을 매고 노동하면서 생존 싸움을 해야 했다는 원홍택, 그의 이야기를 들어보자.

그러니까 전 당장 거기서 맞아서 잘라진 것이 아니고 이런데, 손등에 맞았는데 당시엔 약이 없으니까 할머니가 약 같은 걸 발랐는데 막 썩어 들어간 모양입니다. 썩어 들어가서 병원에 갔어요. 손의 상처를 처맨다고 할머니가 산에서 나무뿌리, 된장 같은 걸로 처매니까 낫지 않고 썩어 들어가니까 간 거지요. 병원에 가니까 잘라야 한다고. 할머니와 갔다 왔다 하면서 그다음 해에 잘랐습니다.

집들을 불태워버려 수용할 대책이 없었기 때문에 주민들을 더 죽였고, 군인 개개인에게 총살의 경험을 주기 위해 박격포 대신 총을 사용했다는 말도 이때 나왔다. 이날 북촌리뿐 아니라 인근 마을인 동복리도 모두 불에 탔다.

4·3 대학살이 절정으로 치달았던 이날 이후, 북촌리는 남자들이 절대적으로 부족해 한때 '무남촌'이라 불리기도 했으며, 이로 인해 가문의 대가 끊긴 집안이 수두룩했으며, 밭일, 물질로 억척스럽게 아이들을 키워내는 해녀들의 사연이 첩첩 쌓여갔다. 때때로 온 마을은 그날의 기억을 잊지 못하는 정신적 외상에 흔들린다. 그리해서, 음력 12월 18일 밤, 북촌리는 명절처럼 한날한시에 제사를 지내는 집들로 온 마을이 환하다. 어느 집에선 '가마귀 모른 식게(까마귀도 모르는 제사)'를 올리기도 한다.

산 자들은 곡소리 한 번 내지 못했다. '당팟'에서 탕탕 총알에 스러져간 북촌 사람들, '바람타는 낭(나무)' 늙은 팽나무는 비틀리고, 일그러진 몸으로 그 앞밭에서 벌어지는 학살극을 묵묵히 지켜보았다. 한라산은 이날 하루 비통에 빠져 사람들의 땅을 노려보고 있었다. 눈은 왜 그리도 하염없이 내렸는지, 땅의 거죽을 볼 수 없었다. 검은 제주 바다는 크게 하늘을 뒤흔들었다.

아동과 여성, 그 숨죽인 고통

8

ⓒ 강요배, 〈기아〉
53.2×38.7cm, 종이·펜·붓·먹, 1990년

이 어둠의 시대, 혹독한 수난을 겪어야 했던 사람들은 아이들과 여인들, 그리고 노인들이었다. 죽기 아니면 살기였던 주민들, 성담을 쌓은 후에는 매일 밤마다 돌아가며 보초까지 서야 했다. 퍼붓는 빗속에서도 여자라고 그냥 봐주지 않았다. 남편이 부재중이던 만삭의 여인도 보초를 서러 가야 했다.

비 오고 안개 껴서 으스스하던 날. 애월리의 한 아낙네는 남편의 죽음을 슬퍼할 새도 없이 갓난애를 집에 재워두고 나와 보초를 섰으나 "제대로 보초 서지 못했다"고 지서에 끌려가 죽도록 매를 맞아야 했다. 퉁퉁 불은 시신들을 보고 잠을 못 자던 사람들이었다.

부녀동맹 간부 여성들이 잡혀가 모진 취조를 받았고, 군인이나 서청 단원과 강제 결혼을 당한 여성도 생겨났다. 수많은 여성이 남편이 사라졌다는 이유로 대신 지서에 불려가 모욕적인 고문을 당하거나 희생됐다. 아이를 가슴에 묻어야 했던 여인들의 이야기가 이어졌다.

아동과 여성,
그 숨죽인
고통

아이들은 시든 꽃잎처럼

저 남원리의 한 아낙네는 만삭의 몸으로 토벌대를 피해 오름과 계곡을 달리다 그만 아이를 낳았고, 아이는 곧 죽었다. 어느새 할머니가 된 그녀는 지금도 그때 죽은 아이를 생각하면 큰 죄를 지은 것만 같다고 한다. 아래는 그때의 아픔을 떠올리며 쓴 시다.

아가야
거친오름 능선이 발딱 일어나 나를 일으켰고
나는 맨발로 너를 품고 사생결단 내질렀다
네 곧 터져 나올 숨소리 막아내며 달렸다
거친오름 낮은 계곡으로 치달을 때
기어이 너는 세상을 열었구나
와랑와랑 핏물 흥건한 바닥에 너를 내려놓고
불속 뛰듯 달려야 했다 아가야
갈 적삼 통몸빼에 궂은 피 계곡으로
콸콸 쏟아져 내렸으나
너를 어쩌지 못했다 아가야
내달릴 수밖에 없었다
그때 내 몸은 검붉다 못해 뜨거운 용암 덩이
나의 몸은 나의 몸이 아니었다 아가야

(중략)

> 이렇게도 출렁이는 심장은 다 무엇이냐 아가야
> 이름도 없었던 네 숨결인 양
> 한밤중 흐느끼는 거친오름 연노랑 양지꽃
> 바람 따라 어딘가서 숨 다한 너를 생각한다
> 등 굽은 고사리에 등 한 번 굽힐 때마다
>
> — 허영선, 〈죽은 아기를 위한 노래 –남원 고사리 김할머니〉 중에서

　　살자고 피신한 굴속에서 가장 위험한 존재는 아이들이었지. 아이의 울음소리 때문에 많은 사람이 은신처가 발각될 것이 두려웠다. 때문에 아이의 입을 틀어막았다가 아이가 숨지는 일도 일어났다. 일시적 피난처로서 굴속의 삶은 사선을 비껴나가게도 했으나 학살의 처참한 참극을 벗어날 수 없게 하는 현장이 되기도 했다. 1948년 11월, 굴속의 그 사건을 잊지 못하던, 초토화 작전 당시 목시물 굴에 숨어 있던 김형조의 증언이다.

　　굴속에서 한 살 된 아기가 앙앙 울어가니까 남편이 이 부인한테 애기 울면 다 붙잡힌다고 울게 하지 말라고, 입을 막으라고 해십주. 그러니 엄마가 할 수 없이 입을 틀어막았는데 곧 소리가 안 나요. 굴 밖에서 토벌대가 나오라고 하니까 굴 밖으로 나오는데 애기 얼굴이 새카맣게 변해 있었더라고. 애기

시신을 망태기에 담아 나와서 굴 밖 나뭇가지에 걸어놔 뒀어요. 나는 그때 다른 시신들이 학살당한 후 불에 태워서 버려지자 나중에 그 시신들을 전부 묻었는데, 그때 나뭇가지에 매달린 망태기가 보여 그것을 내려놓고 보니 아이가 있어서 함께 묻었어요.

마을마다 아이들이 시든 꽃처럼 죽어갔다. 희망이란 이름은 과연 있기는 한 것이었나. 아득하였다. 기억해야 한다. 4·3 희생자 10명 가운데 1명은 아이였음을. 아이들의 죽음은 가문의 멸족을 가져오기도 했다.

1948년 12월 5일 구좌면 하도리 오맹은은 이날 집에서 할아버지, 아버지, 어머니와 두 동생을 한꺼번에 잃고 홀로 살아남았다. 당시 여덟 살이었던 그는 두 살배기 여동생을 등에 업고 뛰쳐나갔다. 힘에 부쳐 방에 있던 아버지의 시신이 불에 타지 않게, 밖으로 꺼내지 못했던 것이 지금도 한스럽다. 그의 증언은 이렇다.

마당에서 조를 담으려는 찰나에 토벌대가 들이닥쳤습니다. 우리 아버지, 어머니, 할아버지, 일곱 살·다섯 살 두 동생까지 전부 총살하고 집 세거리 전부 불붙이고 우리 두 살짜리 동생은 마루 애기구덕(요람)에 누워 있으니까 놔두고 갔어요. 나는 문 뒤에 숨어서 말하는 것을 다 들었지요. 우리 어머닌 축담

밑에 쓰러져 죽고, 할아버진 대문 앞 곱돌 옆에서 돌아가셨고, 아파서 누워 있던 아버진 방에서 돌아가셨고, 동생 둘은 도망가려다 그 자리서 죽엇수다. 경찰이 가버린 후에야 난 들어가 구덕에 우는 애만 업어가지고 뒷담으로 해서 도망갓수다. 그때 나이만 좀 더 먹었어도 시신들 수습했을 겁니다.

여동생은 그 학살터에서 살아남았으나 젖을 못 먹고, 콩밥마저 먹을 수 없어 굶주림에 시달리다가 얼마 없어 시들어버렸다. 이즈음 아픈 엄마의 약을 사러 가다 이 마을 열 살, 열두 살 형제가 토벌대에 붙잡혔다. 토벌대는 산의 연락병 아니냐며 형제에 총을 쏘았다.

1949년 1월 24일 애월면 하귀리 개수동 주민에 대한 경찰의 총살은 계속됐다. 이날 저녁 무렵, 고대규의 아내 김산춘은 외도지서의 출두 명령을 받고 세 살 난 아기를 업고 나갔다가 외도리 입구에서 아기와 함께 총살됐다. 56가구가 살던 마을에 63명의 희생자가 생겼다. 외도지서 경찰 대부분은 서청 출신이었다. 그들의 잔혹성은 4·19 후 국회 차원에서 벌인 양민 학살 사건 진상 조사 때 제주도의 학살 고발 제1호를 기록하기도 했다.

1949년 2월 4일(음력 1월7일)은 제주읍 용강리를 뒤흔든 악몽의 날. 신새벽에 난데없는 군인들이 들이닥쳤고, 주민들은 우왕좌왕 도망치기 시작했다. 그러나 무차별 총살을 피할 수는 없었다. 미처 도망치지 못한 노약자나 부녀자가 맥없이 쓰러졌다. 이날 희생된 주민

아동과 여성,
그 숨죽인
고통

만 105명이었다. "걸어 다니거나, 기어 다니는 것은 살려두지 않았다" 했다. "세 살, 네 살 난 아이가 기어서 도망가는 것도 쏘았다" 했다. 이 밭에도 저 밭에도 냇가에도 죽은 사람뿐이었다. 용강마을 한 생존자는 너무 끔찍해 떠올리기 어렵지만, "올레 마당에 있는 큰 나무에 묶어서 엄마는 죽여버리고, 두 살 난 아기는 감나무 기둥에 묶어가지고 막 이렇게 죽여버리는 것을 똑똑히 봤다"고 했다.

1949년 1월 16일의 빌레못굴. 하늬바람이 쉭쉭 부는 날이었다. 주로 노인들과 여인들이 피신해 있었던 이 굴이 발각됐다. 어도리 구물동이 무장대에 습격당한 다음 날 토벌대와 민보단이 합동으로 대대적인 수색 작전을 벌이던 중 우연히 굴 밖으로 새 나오는 연기 때문에 굴이 발각된 거였다. 강아지를 이 굴속에 넣었더니 해변 마을로 나왔다고 하는 말이 나돌 정도로 미로처럼 길고 긴 굴이었다. 이 굴속에 숨어 있던 30여 명의 주민을 밖으로 나오도록 유도해 모두 총살했다.

그날, 아이들의 처절한 희생은 토벌대의 유인책에 넘어가지 않고 굴속에서 나오지 않아 이 집단 학살에서 유일하게 살아남은 사람, 당시 열아홉 살이었던 양태병의 입을 통해 공개되었다. 한 여인은 두어 살 난 딸을 업은 채 도망쳤는데 자신처럼 인근에 숨지 않고 더 깊숙이 들어갔다가 길을 잃어 빠져나오지 못한 채 굶어 죽었단다. 살아남은 그는 "그때는 사람 삶이 아니었다. 살 수 있을 거란 생각을 한 적이 없었다"고 한다.

다음은 그때 면 직원으로 강제 동원되어 그 학살의 현장을 직접 목격했던 임병모의 이야기다.

> 거의 아기 엄마들이야. 부녀자들, 애기를 안아 있는 사람, 나이 많은 할아버지 한 분 있었어요. 촐왓에 전부 나오라고 해서 앉았어요. 그래놓고 신분 파악을 하였어요. 우리는 빙 둘러서 그것을 봤거든요. 한 젊은 엄마가 갈중이 적삼 입고 얼굴은 시꺼멓고. 애기를 안고 있었어. 애기 안은 사람은 그분밖에 없었어. 거기서 전부 쏘아버렸는데. 아직 젖먹인데 물애기, 그 아기를 양다리를 두 손으로 잡아가지고 생돌에 몇 차례 메쳤을 거야. 순경이 그렇게 했어요. 다섯 살 아이 하나는 총살할 때 '살려주세요 살려주세요' 했지요. 그래도 쏘았어요.

당시 중학생으로 현장을 수습했던 진운경은 그날의 트라우마로 하염없이 우는 날이 많았다. 가서 보니까 희생된 25구의 시신이 널브러진 채 흙만 덮여 있었단다. 그때 죽은 젊은 엄마는 그의 27세 외숙모였다. 두개골은 부서졌고, 이때 학살당한 외사촌인 한 살짜리 아기의 죽음은 가문의 멸족을 의미했다. 산에 숨어 있다가 발각되면 가족과 아기까지 모두 '빨갱이 취급'을 당했던 것이다. 굴은 은신처였으나 또한 집단 학살터였다.

토벌대가 만삭의 임산부와 두 자녀까지 무차별 학살한 모습을 증

아동과 여성,
그 숨죽인
고통

언한 이는 당시 열여덟 살 소녀였던 동광리 출신 고상봉. 다음은 작은어머니와 그 자식들이 죽는 광경을 가까이 숨어서 목격했다는 그녀의 이야기다. 작은아버지하고 작은어머닌 소개를 가지 않아서 메밀짚으로 집같이 눌을 눌고 숨어서 살 때였단다.

'토벌대들 올라왐져'(토벌대들 올라온다) 하면 와상와상 도망가는 게 보였어요. 나하고 작은아버진 그 근처에 숨었는데, 무밭이어서 토벌대들이 눔삐(무) 뽑아 먹으러 들어간 겁니다. 뽑다가 애기 울음소리나니까 '이리 나와!' 다 끌어내 죽여부럿수다. '살려줍서' '죽여야 한다' 소리가 났어요. 작은어머닌 곧 태어날 애기 임신했는데 쓰러졌어. 세 살, 다섯 살 난 아들 형제도 창으로 죽여버렸어. 너무 끔찍한 거지. 엄마고 애기고 무슨 죄가 있다고. 토벌대가 메밀낭 불붙여가니 우리도 나왔는데 작은어머닌 숨만 붙었어. '물 달라' 해 물을 한 모금 주니 바로 숨을 거뒀어요. 나중에 들으니 토벌 온 사람 하나가, 그 사람은 우리 어머니 조금 아는 청년인데 한 아기라도 살려주면 데려가 살리겠다 했는데 '살려두면 불씨만 된다' 하면서 죽여버렸다고 합니다.

여린 아이들의 죽음으로 이 가족의 대는 끊겼다. 아이가 무슨 죄가 있겠느냐는 그녀는 아직도 그 끔찍했던 시절을 잊지 못한다.

아이를 가슴에 묻은 여인들

그랬지. 죄 없이 한겨울에 자식을 데리고 육지 형무소로 가던 한 젊은 엄마는 아이가 숨을 거두자 육지 파출소 앞 찬 바닥에 뉘고 가야 했다. 그곳에서 자식을 가슴에 묻었으며, 혹은 자식이 강제로 고아원에 보내져 영영 잃게 된 경우도 생겨났지. 그렇게 고아로 살던 아이 가운덴 30여 년 오랜 세월이 흐른 후 가까스로 뿌리를 찾은 영화 같은 사연도 생겨났다.

"검질(김)만 메며 사는 사람한테 무슨 총이 있겠느냐"고 항변하던 여인들의 말은 아무런 소용이 없었다. 보리 조 콩 팥, 곱게 농사짓다 곡식 하나 없이 불에 타버렸던 게지. 나무하러 가다가, 곡식 걷으러 가다가, 바로 눈앞에서 같이 걸어가던 사람이 죽어갔다. 죄 없는 것이 바로 죄였던 시절이었다. 이름을 부르면 어느 쪽에 서는 것이 살 수 있는 방향인지 몰랐다. 목숨은 예측할 수 없었다.

그해 겨울, 이미 수많은 사람이 감옥에 갇혀 있었다. 1948년 11월부터 다음 해 3월까지 4개월은 가장 많은 희생을 가져온 시기였다. 새파랗게 질린 아이들의 가뭇없는 죽음이 이 산천 저 산천에 나뭇잎처럼 팔랑거렸지. 아이들, 희생자 10명 가운데 1명은 만 열다섯 안 된 아이였단다.

덤불에 얼어붙어 죽은 아이와 엄마의 죽음을 기억하지. 지금 4·3 평화공원이 내려다보이는 거친오름, 그 근처에서는 엄마가 딸아이를 품은 채 오롯이 얼어 있었단다. 지금도 그 장면을 본 할머니는 기억이 지워지지 않는다는구나. 살려달라고 애타게 옷깃을 붙잡던 아이의 눈빛을 어떻게 외면했을까. 업고 안고 걷게 하면서 가던 어느 어머니는 아이 하나를 움막에 기다리게 해놓고도 찾을 생각이 없었다던 미친 시절이었다. 달리다 보면 업었던 아이가 어느 틈에 사라져 없기도 했지. 그즈음, 마을엔 여러 가지 소문이 횡횡 떠돌았다. 오던 철새가 보이지 않는다는 것이 아니라, 아이가 사라졌거나 어느 여인이 사라졌다고 하는 것이었지.

지독한 슬픔

그 시절, 여성들의 수난은 차마 말할 수 없다. 강제로 술을 먹이고 유린을 하던 토벌대의 악행은 그치질 않았다. 결국 같은 토벌대가 고발하는 사례도 일어났다.

허벅 지고 물 길러 갔다 오다가 붙잡혀 강제 결혼당하기도 했다. 도피자 가족으로 몰린 경우, '순경각시'가 되어야 가족과 자신의 목숨을 부지할 수 있던 여인들도 있었다. 남편이 없다는 이유로 지독한 고문이 이어졌고, 임산부에 대한 고문도 무차별적으로 이어졌다. 법이 없던 시절, 여인들은 위험했다. 어떤 마을에서는 때때로 술자리에 불려 나갔고, 겁간을 당하기도 했다.

함덕리 수용소에 갇혔던 홍난선의 증언도 그렇다. 그녀는 군인들이 겁에 질려 있던 여인들의 상황을 이렇게 증언했다.

한번은 난데없이 저녁 먹고 다 누웠는데 열 시쯤 되니 군인들이 한 8명쯤 와서 '다 일어나 얼굴 들어!' 막 헙디다. '다다 얼굴 들어, 얼굴 들어' 얼굴들 드니까 자기네 보기에 젊고, 애기라도 없고 그런 사람들만 일주일 저녁을 하여튼 맨날 저녁에 와서 데리고 나가는 거라마씀. 그러면 여자들은 맨날 밥도 안 먹고 울고 있기만 했습니다. 함덕 서모봉(서우봉)에서 우리 시누이도 바닷물에 떨어뜨려 버리니 찾지 못했습니다.

1948년 12월 15일 표선면 토산리. 달빛 환한 밤. 군인들은 마을 주민을 전부 집합시킨 가운데 18세부터 40세까지 남자들을 뽑았다. 그런 다음 여자들에겐 달을 쳐다보라고 했다. 거기서 젊고 얼굴 예쁜 여자들만 나오게 했다. 군인들은 이들을 표선국민학교로 끌고 가 감금했다가 12월 18일과 19일 이틀 동안 모두 총살했다. 막무가내. 젊다는 이유 하나였다. 애원은 먹혀들지 않았다. 이날 이후 토산은 젊은이들이 사라진 마을이 됐다. 200가호 규모의 이 마을 주민 157명이 죽어갔다. 당시 여덟 살이었던 김양학의 증언이다.

그때 끌려간 사람들은 모두 순박한 양민들이기에 순순히 소개했고 집합 명령에 응했어요. 만일 사상 문제를 구실로 삼는다면 반드시 18세부터 40세까지만 사상이 있으며, 또 여자들

아동과 여성,
그 숨죽인
고통

인 경우 아무 근거도 없이 달빛에 얼굴을 비춰 골라 갔는데 유독 젊고 예쁜 여자만 사상에 연루됐다는 말입니까.

도망간 오빠 양말 짜줬다고 끌려갔다가 바닷가에서 해초로 끼니를 때우다 처참하게 철창에 찔려 죽은 열여덟 젊은 누이 강조순의 이야기는 또 어떤가.

널빤지를 직접 구해다 시신을 수습했던 여인들도 있었다. 아이들마저 울음소리를 내지 않았다. 불에 타버린 집터에 가보니 익어서 뒹구는 감자 알갱이들을 보아도 가족들의 죽음이 떠올라 주워 먹을 힘마저 없었다는구나.

어느 마을에서는 서북청년회 단원들이 주둔하며 여성들을 괴롭히자 젊은 여자들 가운데는 땅을 파서 그 속에 살거나 돼지우리 속에 숨어 살기도 했다. 부모 얼굴 모르는 아이들도 많이 생겨났다. 당시 부녀동맹 간부들도 갖은 수모를 겪어야 했다. 강제 결혼을 피해서 혹은 강제 결혼 이후 몰래 일본으로 떠나야 했던 여인들도 있었다.

아무런 죄 없이 형무소로 끌려가 행방불명된 남자들, 마지막으로 끌려간 남편에게 물 한 모금, 죽 한 사발 떠먹이지 못한 것이 가슴 아프다는 여인들의 눈물이 마르지 않았다. 남편이 학살당한 곳을 알았던 여인들은 남편의 시신을 찾으러 다녔다. 눈물도 나지 않았다. 제주시 '박성내'라는 하천으로 끌려가 학살당한 남편의 시신 찾으러 그곳에 여덟 번이나 갔다 왔다는 여인도 있었다.

그 시절, 아이를 가진 여인들의 고통은 말할 수 없을 정도로 참혹했다. 굶주림에 헛것이 보일 정도로 얼이 빠진 만삭의 여인은 다 타버린 집 마당에 자란 풀을 보고 반가워 한꺼번에 먹다가 죽을 뻔한 위기도 겪었다지. 집집마다 눌(가리. 짚이나 마소의 꼴 따위를 차곡차곡 둥그렇게 쌓아 올린 더미) 속까지 헤집어 파낸 흔적들, 비상식량으로 숨겨 두었던 고구마 한 알도 남아 있지 않았으니 말이다.

만삭의 여인들,
그 숨죽인 고통

1948년 12월 14일 새벽 5시 45분. 제주읍에 살던 신혼 1년의 새댁 전찬순은 애깃배(아기 출산이 임박해 진통이 시작되는 것) 맞추며 온 방을 데굴데굴 구를 때였다. 다급한 남편이 "조금만 참으라"며 산파를 데리러 뛰쳐나갔다. 하지만 남편은 거리에서 붙잡혔고 산파 대신 와다닥 집으로 들이닥친 건 4명의 순경. 다짜고짜 온갖 발길질이 가해졌다. 그 피범벅 속에 아이는 세상에 나왔다. 그렇게 태어난 아이는 끝내 후유증을 앓는다.

　간호사 출신 인텔리 여성이었던 그녀, 후유증으로 귀가 멀고, 머리는 함몰되고, 한쪽 눈도 거의 실명이 왔다. 후일 남편을 찾아 1년 후 대구형무소에 찾아갔으나 스물다섯 살의 남편은 행방불명이었다는 것이 그녀의 이야기다.

멍석말이 당한 채 이쪽저쪽 발로 차이고 짓밟혔어요. 그러니 양수가 터진 상태에서 피로 범벅 됐지요. 나중엔 집주인 할아버지가 갈옷 바지 찢어서 내 머릴 묶어줬지요. 방은 피로 질펀하고, 순경들이 나간 후 어떤 사람이 '사람 죽었져' 외치는 바람에 동네 사람들이 몰려왔어요. 딸아이는 온갖 구타와 발길질을 당하는 와중에 태어났어요. 출산 때 받았던 모진 구타의 후유증으로 나는 지금 귀도 막고, 머리도 함몰되고, 눈도 한쪽 실명된 상태로 65년을 살고 있어요. 그렇게 태어난 딸도 한쪽 팔을 잘 쓰지 못합니다. 아마 팔이 나오는 걸 빼서 던져버렸는지 나이 들수록 그 증세가 심해져요.

임신 6개월의 한 여인. 도피자 가족으로 몰려 전기 고문까지 받고 왔으나 아이는 죽지 않았다. 제주시 연미마을에선 경찰이 쏜 총에 맞고도 목숨을 잃지 않아 시집까지 갔으나 얼마 안 가 후유증으로 일찍 죽은 여인도 있었다. 곧 아기를 낳을 여인도 총에 맞아 쇳소릴 하다 죽었다.

애월읍 비학동산에서는 도피자 가족이라고 해서 만삭의 여인을 팽나무에 매달아놓고 학살하면서 마을 사람들에게 강제로 구경하도록 했다.

"산에 무슨 관계가 있냐?" "남로당에 가입했냐?" 갓 아기를 낳은 여인도 보리타작하듯 맞아야 하던 시국이었다. 대흘리의 한 여인은 동짓달에 거꾸로 매달린 채 구타를 당하는 고문을 받고 온 얼굴로 몸이고 시커먼 핏독이 오르자 그녀의 어머니조차 딸을 알아보지 못했다 한다.

속으로 피가 흘러도 무서워 말할 수 없었다. 도피자 가족에 대한 학살은 더욱 잔혹했다. 고태명은 김녕지서 경찰들이 임신 9개월인 여인에게 "남편 숨은 곳을 말하라"며 끌고 가 고문하다가 끝내 배를 쏘아버렸던 끔찍한 기억을 떠올린다. 해산한 지 사흘 된 여인을 직접 죽인 서청을 직접 봤던 권영자의 증언이다.

> 한복 입은 젊은 여자였어요. 남편 어디 갔냐고 다그치다가 죽여버렸어요. 한 가족은 남편이 산에 갔다면서 어린애 업은 엄마, 그 앞에 아들놈 둘을 세워두고. 엄마부터 죽였으면 좋았지. 아이들부터 죽이니까 엄마는 애기 업고 손비비면서 '하늘님아! 하늘님아!' 했는데 나중에 죽였어요.

그러한 학살을 목격한 사람들에게, 혹은 고문의 순간을 당하거나 목격한 가족에게도 그 장면은 평생 달라붙었다. 국가 공권력의 광풍에서 살아남은 이들의 후유증은 누가 치유해줄 것인가. 특히 어린 시절에 각인된 기억은 더 선명했다.

군인들의 호루라기 소리만 나도 가슴이 탕탕탕 뛴다는, 당시 소녀였던 김인근은 올케언니의 고통을 잊지 못한다.

음력 12월 9일 남편이 산으로 갔다고 만삭의 아내를 차에 태운 채 사람 실은 위로 팍팍 나무들을 싣더래. 그러니까 임신한 우리 올케언니는 얼마나 못 견딥니까. '어머니, 숨 막혀 죽어지쿠다' 하니까 어머니가 언니를 안아도 그 위로 이만한 나무들을 사람들 위로 막 실었대.

그 일들, 무덤에나 가면 잊힐까.

중산간의 그 겨울, 납읍리. 토벌대가 들이닥쳐 남편을 차에 태우고 끌고 가자 죄 없는 사람을 왜 잡아가느냐 따지며 달려가는 만삭의 아내를 발로 차고 총 개머리판으로 때리고, 경찰서까지 잡아갔다. 1949년 2월에 태어난 아이 강택주는 평생 머리가 깨질 듯 아프고 수시로 까무러치는 병을 얻어야 했다. 그는 끝내 학업도 중단하고 결혼 후에도 때때로 죽고 싶은 충동에 시달리는, 치유될 수 없는 병을 안고 살아가고 있다.

잃어버린 마을이 된 제주시 1948년 가을, 어우눌에 살던 문순선은 남편이 없다는 이유로 토벌대에 의해 공회당으로 끌려갔다. 함께 있던 시어머니 고난향의 증언이다.

임신한 며느릴 걸상에 가로눕혀 배 위 양편에 나무판자를 대어놓고 널뛰듯 두 놈이 통나무 양쪽에서 네 서방 어디 갔느냐고 고문했지. '이 아인 모릅니다, 놔줍서' 해도 놈들은 내

뺨을 때리고 그 짓을 했지. 어느 하르방은 말 되엉 엎드리게
하고 어느 할망은 그 위에 타서 두드리게도 했어. 그게 어디
할 짓이라.

이후 임신한 몸으로 다섯 살 시누이 업고 도망 다니던 그 며느리
는 1949년 5월, 수용된 수용소 주정 공장(동척회사), 다리도 못 뻗는
칸에서 아이를 낳았다.

생애 가장 길었던 날의
기억

1948년 11월 15일 가시리가 소개되고 도망 다니다 결국 경찰에 붙
잡힌 당시 스물세 살의 여인 박내은은 지금도 생애 가장 길었던 날
의 전기 고문을 잊지 못한다. 세 살 난 아들을 데리고 전주형무소까
지 이송돼 8개월을 살다 와야 했던 그녀. 몸속을 뱅뱅 휘젓던 전기
고문이다. 행방불명된 남편을 평생 기다리며 살고 있다는 이 여인의
죄명은 산에 무엇을, 얼마나 올려보냈느냐 하는 거였다. 아흔을 바
라보는 그녀의 이야기다.

바른말만 하라고. 누구한테 신을 몇 켤레 사 갔냐. 속옷을 몇
개 해서 산에 올렸냐. 돈은 얼마나 주었냐. 식량은 얼마나 주

었냐면서 죽도록 때리고, 전기 고문했어요. 간장 한 병, 돈 오원 낸 것밖에 없다고 허니까 날 보고 최고 악질이라고, 바른말하라고 마구 두드렸어요. 저만큼 신발 물고 강아지 소리 하면서 오라고 하고, 쇠(牛)소리 하면서 오라고 허고. 전기를 양엄지손에 감아서 짜르륵 짜르륵 하면 탁탁 오그라져서 아무 생각 없이 죽는 것 같았지요. 검은 빠따 요만 헌 거, 고무 빠따로 후려치면 팔이 도막도막 잘려져 퉁퉁 부어요. 부은 위에처 두드런. 두드리다 보면 자기네도 팔이 아프니까 전기 취조허겠다고 전기 취조하는 거라. 기절해서 자빠지면 물 갖다가얼굴에 지쳐 깨워서 또 전기 취조허고….

이 여인. 양경숙의 끝나지 않는 트라우마는 지금도 계속된다. 일본에 살다 남편과 함께 고향에 다니러 왔던 그녀는 증명서를 보내면 일본으로 돌아오라는 남편의 말을 믿고 기다리다 4·3을 만나게된다. 세 살 딸아이 하나와 살던 그때였다. 마을 주민과 이웃 마을사람들 몇 명이 그녀의 집을 몇 시간만 빌려달라고 해 잠깐 빌려줬다. 그게 빌미가 돼 경찰에서는 산사람들의 회의 장소로 집을 내줬다고 그녀를 끌고 갔다. 시어머니에게 아이를 맡기고 경찰서에 끌려간 그녀는 그곳에서 숨만 붙어 있을 만큼 모진 고문을 당해야 했다. 아흔을 넘기고도 그 고문의 장면은 생생하다는 그녀의 이야기다.

이름을 대라고, 바른 소리 못 허겠느냐며 막 때려요. 난 동네 사람들 안 팔려고 절대 '모르쿠다' 끝까지 다물었습니다. 이 년은 소 닮은 년이니 바른말할 때까지 두드려야 한다며 손목을 뒤로 결박하고 천장에 돼지처럼 달아매서 몽둥이로 때렸어요. 그래도 모른다 허니 너 죽어야 바른말헐 거냐. 이레 착 저레 착 막 두드려. 다 죽으니 떨어집디다. 나중 정신 차리니 한 순경이 총을 탁 양어깨에 걸쳐서 이 총 맞고 죽을 거냐고 헙디다. 죽어도 헐 수 없수다. 몽둥이로 손가락이 완전 꺾어질 때까지 또 두드립디다. 팔이 퉁퉁 부어 옷을 벗지도 못했어요. 사흘 동안 두드려도 바른말 안 하니 이런 지독한 년은 없다고 천장에 달아매 때리다 주전자에 끓인 물을 다시 코에 부었습니다. 밖에 동지섣달 얼려놓은 못에 끌어다가 내 몸을 내던지니 그때 정신이 나요. 허니 다시 끌어다가 코에 다시 물을 붓고. 손목 잡고 뱅뱅 돌리다 과락 밀려버리니 이마가 벗겨지고 이빨이 다 무너지고…. 또 데려다 달아매고 지독하게 고통을 주었습니다. 일주일 동안 누구 한 사람 밥도 안 해 왔어요. 아, 나 목숨 참 질긴 사람이우다. 그제부터 눈이 침침해불고 지금은 사람도 잘 몰라봅니다. 어깨고 어디고 이제 바람만 불어도 어깨가 홀렁홀렁해 살 수 없습니다.

고문을 당하거나 성희롱을 당한 여성들은 수치심에 죽고 싶은 마음을 수없이 느끼며 삶을 건너와야 했다. 고통의 세월이었다. 그러나 그 죽고 싶은 생각은 그들을 다시 삶은 지속돼야 한다는 것을 불

아동과 여성,
그 숨죽인
고통

러일으키기도 했다. 고문은 끝까지 그를 따라붙는다.

산에다 쌀 한 되 올렸느냐, 소금 올렸느냐 등등 이유는 붙이는 대로였고, 억지 추궁하는 대로였다. 그러한 고문 끝에 하지 않은 일을 했다고 토해내 형무소로 끌려가기도 했다.

그렇게 여인들에 가해진 고문의 기억, 그것은 살아 있는 한평생 지울 수 없는 지문 같은 거였다.

4·3
그 후

9

끝나지 않은 4 · 3, 그 후유증

고문, 삶을 비틀다

그래도 희망의 얼굴은 있었다

ⓒ 강요배, 〈젖먹이〉
160.0×130.0cm, 캔버스·아크릴릭, 2007년

4·3 이후 섬은 제삿날로 가득하였다. 용암 질퍽한 땅 제주 섬, 이 땅에 태를 사른 이라면 결코 피할 수 없었던 운명이었다. 섬은 남편의 시신을, 아버지의 시신을, 가족의 시신을 찾지 못한 사람들의 기다리는 세월로 이어졌다.

끝나지 않은 4·3, 그 후유증

어디로든 길이 막혀
숨 쉴 틈조차 없다
삼족 삼대를 멸하는 봉건의 악형
하릴없이 세월만 흐르고 더디 흐르고

— 김경훈, 〈연좌제〉

이로써 4·3은 끝났는가. 그랬으면 했다. 그런데도 4·3의 유혈 광
풍 속에서 살아남은 사람들과 유족들에겐 또 다른 아픔이 기다리고
있었다. 바로 사상을 묻는 죄, '연좌제'라는 그물이었다. 그것은 4·3
이후 가슴속에 지울 수 없는 쇠못 하나씩을 박고 사는 사람들에게
또 다른 정신적 고통을 안겨주었다.

죄명도 모른 채 옥살이를 끝내고 요행히 가족의 품으로 돌아온
그들에게는 보안 감찰, 요시찰 대상이라는 꼬리표가 늘 붙어 다녔
다. 그것은 공공연히 수상한 자를 찾아내듯 이뤄지고 있었다. 주변
사람들한테 취조하듯이 물어가는 경찰의 '뒷조사' 때문에 마을 노인
회 일마저도 할 수 없었다.

신원 조회! 한때, 신원 조회에 걸렸다는 말이 나돌았었다. 감옥살
이의 이력은 '붉은 딱지'로 대물림되고 있었다. 거기에 걸려서 공무
원이 못 되었고, 거기에 걸려서 육사나 군 장교로 갈 기회를 잃어야
했고, 거기에 걸려서 경찰공무원이 되지 못했고, 여권을 발급 받지
못해 해외여행을 나갈 수가 없었다.

'신원 조회'란 과정은 '사상이 의심스러운 자'를 걸러내는 사회적
관행으로 공공연히 고개를 쳐들고 있었다. 그것은 흡사 가족의 병력
을 묻는 것보다 더 가혹한 것이어서 당사자들의 괴로움은 더 컸다.

1960년 국회 양민학살사건조사단이 제주도를 방문해 진상 조사
를 할 때의 일이다. 한 유족은 "학도병으로 갔다가 1951년 명예 제
대로 나왔다. 교원자격증을 얻으려고 경찰서에 신원 증명을 하러 갔
더니 신원 증명에 '좌익 사상의 자제'라고 적혀 있었다. 호적부에도

그렇게 쓰여 있었다. 그래서 '신원 증명'을 못 했다"며 공식 석상에서 처음으로 연좌제의 피해 실상을 밝혔다. 좌니 우니, 좌측이니 우측이니 모르고, 세상이 캄캄했다는 사람들에게 연좌제 또한 생소한 거였다.

1981년 이 연좌제는 공식적으로 사라졌다. 하지만, 지금도 그 그늘에 있다고 생각하는 이가 많다. 광기의 시대는 무엇보다 사람들의 몸과 가슴에 후유증을 남겼다. 4·3은 죽은 사람들만이 아니라 학살터에서 살아남은 사람들과 가족, 그것을 직접 혹은 간접적으로 경험한 사회 전체에 엄청난 트라우마를 남긴다는 것을 말해주는 것이다. 죽는 날까지 뼛속을 파고드는 그 기억과 싸우게 만드는 정신적인 상처, 그것은 꿈결까지 따라와 괴롭힌다.

2013년 현재까지 결정된 156명의 후유 장애인 가운데 64명이 생을 달리했다. 오로지 고통 속에 평생을 살다가 세상을 뜬 사람들이다. 아직 신고를 하지 않은 이들도 있으며, 상당수가 이 후유증으로 평생 주사약에 의지해야 하는 불구의 삶을 살고 있고, 그렇게 살다가 죽어가고 있다.

혼이 나갈 정도로 총 맞은 발로 뛰다가 발가락도 빠져버렸다는 여인 고의봉은 쉰세 번이나 치성을 드렸다 한다. 후유증으로 쉰아홉에 틀니를 박아야 했다는 김경인, 얼굴을 통과한 총알로 인해 평생 고문 같은 생을 살다 세상 뜬 김영자의 어머니, 평생 다리 붓고, 신발 하나 제대로 신지 못하며 온몸이 상한 채로 살아가는 이들이 후유 장애인이다. 엄연한 진행형의 역사, 그 사례 하나가 우리 앞에 있다.

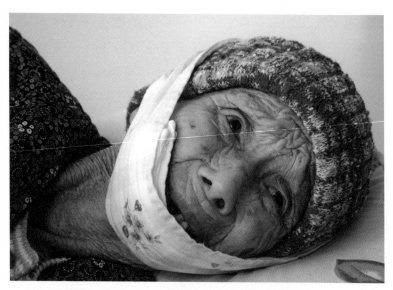

1949년 1월 경찰이 쏜 총에 맞아 턱이 날아가 버린 여인. 평생 무명천으로 턱을 가리고
살았던 '무명천 할머니'. (김동만·고성만,《몸에 새긴 역사의 기억》에서)

    2004년 가을날, 평생 무명천으로 턱을 가리고 살았던 한 할머니
의 죽음이 알려졌고, 그녀의 사진 한 장이 수많은 사람들을 울렸다.
1949년 1월 그의 고향 판포리에서 경찰이 쏜 총에 맞아 턱이 날아
가 버린 여인. 그날 이후 '무명천 할머니'가 되었던 서른다섯 살의 여
인, 진아영 할머니. 홀로 선인장 마을 월령리에 살던 그녀는 90세까
지 수시로 링거에 의지해야 했다. 실어증에 걸린 것처럼 살던 그녀
는 끝내는 이시돌양로원에서 쓸쓸히 생을 마감했다.

한 여자가 울담 아래 쪼그려 있네
손바닥 선인장처럼 앉아 있네
희디흰 무명천 턱을 싸맨 채

울음이 소리가 되고 소리가 울음이 되는
그녀, 끅끅 막힌 목젖의 음운 나는 알 수 없네
가슴뼈로 후둑이는 그녀의 울음 난 알 수 없네
무자년 그날, 살려고 후다닥 내달린 밭담 안에서
누가 날렸는지 모를
날카로운 한 발에 송두리째 날아가버린 턱
당해보지 않은 나는 알 수가 없네
그 고통 속에 허구한 밤 뒤채이는
어둠을 본 적 없는 나는 알 수 없네
링거를 맞지 않고는 잠들 수 없는
그녀 몸의 소리를

모든 말은 부호처럼 날아가 비명횡사하고
모든 꿈은 먼바다로 가 꽂히고
어둠이 깊을수록 통증은 깊어지네
홀로 헛것들과 싸우며 새벽을 기다리던
그래본 적 없는 나는
그 깊은 고통을 진정 알 길 없네

그녀 딛는 곳마다 헛딛는 말들을 알 수 있다고

바다 새가 꾸룩대고 있네

지금 대명천지 홀홀 자물쇠 벗기는

베롱한 세상

한세상 왔다지만

꽁꽁 자물쇠 채운 문전에서

한 여자가 슬픈 눈 비린 저녁놀에 얼굴 묻네

오늘도 희디흰 무명천 받치고

울담 아래 앉아 있네

한 여자가

— 허영선, 〈무명천 할머니 −월령리 진아영〉

이렇게 깊은 후유증으로 죽음에 이르기까지 고통받는 이들에게 현대사의 극단적인 비극, 4·3은 아직도 끝나지 않은 역사다.

고문, 삶을 비틀다

4·3의 고통 가운데 지울 수 없는 상처를 남긴 것은 고문이었다. 고문, 그것은 인간이 인간에게 가한 잔혹한 행위이며, 대표적인 국가 공권력의 횡포이자 인권 유린 행위다. 그것은 인간의 존엄성에 가한

가장 야만적인 행위다. 그러한 고문이 4·3 때 수없이 자행됐다. 고문을 당해본 사람에겐 자신의 육체와 정신을 짓밟았던 기억을 아무리 세월로 덮으려 해도 덮을 수 없는 일이었다.

4·3 초기 지서 습격 사건에 연루돼 끌려간 애월읍 강조행. 유치장서 밥을 줄 때마다 매을 맞으면서도 밥은 먹어야 했다. 끼니마다 구멍으로 손을 내밀면 "이 멍청헌 놈의 새끼야! 이 멍청헌 놈의 새끼야" 하면서 경봉으로 열 대씩 매를 맞아야 했단다.

중산간 마을 애월 광령리에 살던 진찬민의 아버지는 5·10선거에 참여한 마을의 세 사람 중 1명이었다. 이승만 대통령 감사장도 받았다. 허나 4·3 당시 외가가 있는 제주시로 소개했던 당시 스무 살 진찬민의 이야기다. 부친과 그의 아내와 함께 경찰에 연행돼 전기 고문까지 받았다. 아버지는 산에 쌀을 올렸다는 허위 자백을 하게 해 목포형무소, 김천형무소로 이송시켰고, 한국전쟁이 발발하자 행방불명됐다.

음력 동짓달. 14일 저녁부터 15일 종일 취조를 받았어요. 우리 할망(아내)도 형편없이 맞았어요. 그때는 뭐 매도 아니고, 소도 그것처럼 때리진 않지요. 그러니 우리 아내를 두드리는 사람은 뭐라고 허면서 두드리냐면, '씨 전정도 못 허게 멘들아불켜(아이도 못 낳게 만들어버리겠다)' 허명 두드렸어요. 그걸 안 본 사람은 말로만 해선 몰라. 때리는 것도 뭐 죽으라고 때리는 건데 뭐. 아프라고 때리는 게 아니고, 죽으라고 때리는 거야. 나는 전기 취조까지 받아서 죽었다가 살았죠.

4·3의 상징 마을 북촌리가 고향인 강서수. 1947년 북촌마을에서 총격을 가하던 경찰관에게 주민들이 뭇매를 가한 사건에 이어 다음 해 6월에는 일부 청년이 북촌포구로 피항한 경찰관을 살해한 사건이 벌어지면서 젊은이는 무조건 도망쳐야 할 판이었다. 그는 형제와 동네 청년을 포함한 9명과 함께 북촌리 자신의 집 근처 굴속에 숨었다가 미군과 한국 경찰에 붙잡혔다. 그 후 그를 기다리고 있었던 것은 고문. 재판을 받기 위해 제주경찰서에서 광주형무소로 이송될 때까지 장기간 미결수였던 그는 그 기간 받아보지 않은 고문이 없을 정도로 온갖 고문에 시달려야 했다.

먹고 사는 게 전부였던 삶, 공권력은 글도 배우지 못한 자신을 '빨갱이'라고 매도해 재판을 했다. 감옥에 같이 갔던 형과 동생은 행방불명. 옥살이 끝에 집에 오자 이미 아버지는 북촌대학살 때 세상을 떴고, 요행히 살아남았던 어머니와 누이동생도 얼마 없어 '먹지 못해' 숨졌다. 그 기억을 안고 1950년께 군에 자원입대한 그는 한국전쟁 발발과 함께 총상을 입고 귀향한다. 오로지 태어나 아는 일이라곤 농사일밖에 몰랐던 사람, 당시 스물두 살이었던 강서수의 삶을 비틀리게 해버렸던 것은 고문이었다.

경찰관들이 주전자에 고춧가루를 물에 타고 코에 질러넣어요. 그렇게 해서 한 번 죽여놨어요. 다음은 구젱기닥살(소라딱지) 고문이라고. 상자 요만한 거(길이 1미터, 너비 50센티미터 정도) 짜서 구젱기를 잘게 부순 것을 깔아놔요. 그렇게 해서 무릎을 막 밟아버려요. 그러면 일로 절로 구젱기닥살이 살갗에 들어가 고통이 심하지요. 그렇게 고문하고 감방 문을 열어서 구둣발로 처넣은 뒤 계속 고문해요. 또 양동이에 이렇게 물 떠와요. 그리고 거꾸로 달아매고 수건으로 입을 묶고 주전자에 물 담아 코에 질러요. 질러서 배가 부르면 아래로 탁 내려놔요. 그러면 밟아요. 전기 고문은 결혼을 했는지 안 했는지 물어본 다음에⋯.

남제주군 안덕면 화순리가 고향인 양규석은 1948년 5월의 어느 화창한 날에 아버지와 초가지붕을 이을 새끼를 꼬다가 어이없게도 이 마을 출신 경찰관의 집을 방화했다는 혐의를 뒤집어썼다. "물고문, 전기 고문⋯ 고문이란 고문은 모두 겪어봤다"는 그는 광주지방법원에서 포고령 제2호 위반이란 죄명을 쓰고 징역 10년을 선고 받았다. 대구형무소로 수감된 그는 한국전쟁 시기에 형무소 학살 사건을 체험하는 등 생사를 넘나들다 형기 2년을 남겨둔 1957년 집으로 돌아왔다. 집에서는 이미 그가 죽은 줄 알고 대·소상을 치른 뒤였다. 당시 스물일곱 살이었던 그의 증언은 이렇다.

말도 못하죠. 지서에서부터 고문당했어요. 물고문할 때는 큰

통에 물을 잔뜩 담아놔서 잡아다가 두들겨서 머리를 물속에 처박기도 하고, 두들기기로 말하면, 옷을 전부 벗겨놔서 위에 가마니를 덮은 뒤 물을 뿌려. 그다음에 두들겨 패고, 몽둥이로 막 두들겨 맞았지. 또 장작을 다리에 끼워서 고문을 받기도 했고, 지서에서 그렇게 고문을 당하고 일주일 있다가 서귀 포경찰서로 넘겨졌는데 거기서도 고문을 받고 한 달포 살았지. 거기서 전깃줄을 이렇게 두 개씩 손가락에 묶어서 건드리기만 하면 몸에 전기가 팍팍 들어와 몸이 시커멓게 변해요.

해방 사흘 전 오사카에서 노동자로 일하다 돌아왔던 고향이었다. 부푼 꿈을 꾸며 일구던 그의 청춘은 그날 이후 가시밭길이었다.

그래도
희망의 얼굴은 있었다

어떻게 잊을 수 있겠느냐. 스무 살도 안 된 앳된 청년들도 어처구니없이 형무소에 가서야 자신의 죄명을 들었고 형량을 알았다. 단지 이름이 같다는 이유만으로 형무소에 간 여인도 있었다. 그때 행방불명된 사람들은 도대체 다 어디로 갔는가. 국가가 정당한 재판 절차도 없이 고문하고 수형자를 살해했다는 것은 민주주의국가에서는 있을 수 없는 명백한 불법행위이며 도저히 있을 수 없는 학살 아니었더냐.

우리 현대사의 무고한 죽음의 신음이 구천을 떠돌고 있게 한, 그 것의 절정은 물론 6·25전쟁이지만, 그 이전 살육의 광기인 4·3사 건이 그 시발점이었음은 그리 잘 알려지지 않았지. 집단 학살의 광 기가 포연처럼 가득했던 작은 섬 제주도를 말이다.

그런데 이 대학살을 지나면서 인간에게 정의는 과연 어디로 갔는 가. 모두 야만의 얼굴만 있었을까 생각이 들었을 것이다. 아니다. 이 학살극의 와중에도 인간애를 놓치지 않았던 이들도 있었다. 이 비극 의 복판에서도 진정 사람의 얼굴을 버리지 않았던 이들이 있었음도 알아야 한다. 유태인 대학살에서 오스카 쉰들러가 숱한 사람들을 구 출했던 것처럼. 동족의 살육이 행해지던 4·3 속에서도 갈등하고, 번 민했던 사람들, 따뜻한 인간애를 품고 양심의 소리에 귀 기울였던 그런 사람들이 있었음을.

누구보다도 잊지 말아야 할 사람들이 있다. 대학살의 절벽에서 총 살 명령을 거부하며 수많은 사람을 살렸던 문형순 모슬포·성산포 경찰서장, 유혈을 막고자 평화 협상을 시도했던 김익렬 연대장, 조 남수 목사…. 이들이 그렇다.

아직 빛을 보진 못했으나 살아 있는 사람들 가운데는 생명의 은 인으로 기억하는 의로운 경찰들, 군인들의 이름도 있다. 신촌 사람 들이 경찰관들에게 '못된' 사람으로 인식될 때 "아니다"라고 해 많이 살렸다는 문 순경, 생사의 위기에 가로놓였던 마을 주민들을 살리기 위해 애썼던 가시리의 '강 순경' 같은 이도 있었고, 토벌대가 남원면 신흥리의 구장(현재의 이장)에게 주민들의 성향이나 과거 행적에 대해 꼬치꼬치 캐물었으나 자신의 답변이 무차별 학살극의 빌미가 되는 것을 막기 위해 무조건 '모른다'로 일관해 공문 처리도 하지 않았던 '몰라 구장' 같은 이도 있었다.

어느 할머니는 버스를 타지 말라는 한 경찰의 조언 덕분에 죽음의 문턱에서 살았다며 그 은인을 찾고 싶다고 했다. 어떤 이는 자신의 반합을 우는 아기에게 주었던 군인을 기억하고 있고, 어떤 마을은 한 경찰의 도움으로 마을이 살았다고 전한다.

여기서 우리는 아무리 세상이 끝날 것 같은 아수라장 속에서도 결국 사람이 희망일 수 있음을, 과거와 현재를 잇는 희망의 씨앗을 발견하게 되는 것 아닐까.

다시
봄날에
글을
마치며

ⓒ 강요배, 〈흙노래〉
162.2×259.0cm, 캔버스·유채, 1995년

이제야 길고 긴 동굴의 어둠을 빠져나왔구나. 아마도 긴 한숨을 쉴 수 있을 것이다. 이 깊은 어둠을 헤쳐 나온다는 것은 나 또한 매우 슬프고 괴로운 일이었다. 그렇게 대비극을 지하에 묻은 채 역사는 강물처럼 잘도 흘러만 갔구나. 그러나 앞에서 역사의 진실은 언젠가 반드시 드러난다고 하였다.

구덩이에 묻힌 진실

우리는 한 인간이 겪어야 했던 운명의 그날을 빨아도 빨아도 빈 젖이었을 어머니와 아이가 한몸이 되어 뼛골로 나타난 빌레못굴에서 보았고, 1992년 44년 만에 발견된 다랑쉬굴 11구의 유골에서 보았고, 물이 뚝뚝 떨어지는 동광리 '큰넓궤'에 흩어진 밥그릇과 놋쇠 숟가락, 검정 고무신과 항아리, 단추 같은 파편들에서도 보았다. 거기서 그때 처참하게 사라진 사람들을 떠올렸다. 그러나 아직도 입을 열지 않는 이들, 동굴의 어둠이 뚫리기만 기다리는 유골이 얼마나 많은지 아느냐.

그런 것이다. 4·3은 잊을 만하면 다시 피어나는 풀꽃처럼 다시 살아나는 기억 말이다. 또한 우리는 보았다. 그 진실의 실체를, 소문의 실체를 똑똑히 목격하였다. 매일 비행기가 새처럼 앉았다 일어서는 저 정뜨르비행장(제주국제공항) 활주로 깊고 오랜 어둠의 구덩이에서 보았다. 그 비행장으로 끌려갔던 수많은 주검의 실체를 보았다.

> 정뜨르비행장이 국제공항으로 변하고
> 하루에도 수만의 인파가 시조새를 타고 내리는 지금
> '저 시커먼 활주로 밑에 수백의 억울한 주검이 있다!'
> '저 주검을 이제는 살려내야 한다!'라고
> 외치는 사람 그 어디에도 없는데
> 샛노랗게 질려 파르르 떨고 있는 유채꽃 사월
> 활주로 밑 어둠에 갇혀
> 몸 뒤척일 때마다 들려오는 뼈들의 아우성이 들린다
> 빠직 빠직 빠지지직
> 빠직 빠직 빠지지직
>
> — 김수열, 〈정뜨르비행장〉 중에서

2006년 화북 지역에서 3구의 유해를 발굴한 이후 지난 2007년부터 2009년까지 제주국제공항 남북 활주로 동·서쪽에서 있었던 유해 발굴 작업이 그것이지. 여기서는 387구의 유해를 발굴할 수 있었단다. 유해는 커다란 구덩이 속에서 조각난 뼈와 뼈끼리 뒤엉키고, 팔과 다리가 뒤섞인 채 겹겹 하나의 산을 이루고 있었다. 엎어지거나 구부려 있거나 누워 있던 그 모습, 고스란히 그날의 현장을 증거하듯 두 손이 뒤로 묶인 채 스러진 시신, 죽어서도 편히 다리를 뻗지 못하고 엉클어진 나뭇가지 같은 뼈와 뼈. 물론 그 뼈들이 누구의 것인지는 알 길 없었다. 지금도 떠올리기가 힘들구나. 다만 그날 주인과 함께 스러졌던 고무신, 안경, 도장, 단추, 숟가락, 옷 조각 등이 유해와 함께 그 자리에 나동그라져 있었다.

"기억이 말살당한 데는 역사가 없다. 역사가 없는 데는 인간의 존재가 없다"고 한 이는 고향을 제주도로 둔 재일동포 작가 김석범이다. 이 땅에서는 4·3을 말하지 못하던 1970년대부터 일본에서 집필을 시작해 20년에 걸친 4·3 대하소설 《화산도》를 완성한 거목이다. 마침 고향에 들른 길에 이 공항 유해 발굴 현장을 찾았던 이 노작가는 슬퍼도 슬프다고 말할 수 없었던 그 시대를 떠올리며, "슬픔의 자유를 아는가. 그것의 기쁨을 아는가."라는 말로 함축하며 끝내 눈물을 토하고 말았지.

그런 것이다, 4·3은. 죽어서도 진실을 말한다. 그 유해들은 첨단 과학인 DNA 검사를 통해 피붙이들을 최대한 규명했다. 그렇게 죽어서 유족의 품으로 돌아간 유해는 144구였다.(2024년 2월 현재)

더구나 그해 예비검속으로 세상을 뜬 아버지를 그리던 한 유족은 유전자 검사를 통해 찾게 되자 지난날 폭도의 누명을 쓰고 살았던 그 시대를 한탄하며 목메어 했다. 그리던 아버지의 시신임을 확인한 자식의 통곡도 있었다.

공항 활주로, 몇 날 며칠을 피로 물들였던 옛날 그 피의 계곡을 잊을 수 없다던 유족들의 한 서린 심정이 그런다고 안녕할 수 있을까. 바다에 수장돼 떠도는 넋들은 안착했을까. 그래도 이 또한 진실 찾기의 한 과정임을 기억하자.

평화와 인권의 세기로 나가는 여정

2003년 10월의 마지막 날. 마침내 정부는 4·3 영령들 앞에 머리를 숙였다. 비로소 4·3으로 엄청난 고통을 당한 제주도민과 유족의 마음에 차갑게 덮여 있던 살얼음이 조금은 풀리는 날이었다.

저는 국정을 책임지고 있는 대통령으로서 과거 국가권력의 잘못에 대해 유족과 제주도민 여러분에게 진심으로 사과와 위로의 말씀을 드립니다.

노무현 대통령이 4·3 당시 국가권력에 의해 대규모 희생이 이뤄졌다는 것을 인정하고 제주도민에게 공식 사과한 것이다. 해방 이후 우리나라 과거사에 대해 대통령이 사과한 것은 처음 있는 일이었지. 대통령은 2006년 열린 제58주년 4·3위령제 추도사에서도 그랬다.

> 국가권력은 어떠한 경우에도 합법적으로 행사되어야 하고, 일탈에 대한 책임은 특별히 무겁게 다뤄져야 합니다. 또한 용서와 화해를 말하기 전에 억울하게 고통받은 분들의 상처를 치유하고 명예를 회복해주어야 합니다. 이것은 국가가 해야 할 최소한의 도리입니다. 그랬을 때 국가권력에 대한 국민의 신뢰도 확보되고 상생과 통합을 말할 수 있을 것입니다.

이것은 한국 현대사의 어두운 과거를 청산하며 역사의 한 페이지를 열어놓은, 60년 가까이 제주도민들을 옭아매어 온 '이념의 굴레'에서 해방시킨, 대사건으로 역사에 기록되었다. 대통령의 사과는 한국전쟁 전후 민간인 학살 사건 등 과거 국가 폭력의 실상을 밝혀내고, 왜곡된 역사를 바로잡기 위한 길을 터놓았다는 큰 의미를 지닌 것이었다.

이 감동은 그러나 제주도의 힘으로만 얻어진 것이 아님을 알아야 한다. 진실 찾기. 그것은 바로 인류가 그토록 갈구하던 기본적인 가치, 인간의 존엄한 생명과 평화를 찾기 위한 대장정이었으므로. 어떻게 거쳐온 여정이었는지 한번 돌아보자.

2003년 10월 31일 노무현 대통령이
제주도민과의 대화에서 제주4·3에 대해
공식 사과하고 있다.

그 길의 출발점은 한국전쟁과 이승만 반공 독재 체제 아래서 신음하던 민중의 울분이 분출했던 1960년의 4·19 혁명이었다. 한라산 금족령이 해제된 지 6년 만의 일이었다. 이때 4·3도 조금씩 말문을 트기 시작했다. "법의 절차도 없이 어떻게 사람들이 집단 학살 당할 수 있느냐"며 제주대학생 7명(고순화 고시홍 박경구 양기혁 이문교 채만화 황대정)도 이때 4·3사건진상규명동지회를 결성해 현장 조사에 나섰다가 구금을 당하기도 했지. 모슬포에서는 진상 조사를 촉구하는 궐기대회가 열렸고, 1960년 6월 21일 재경제주학우회는 국회 앞에서 4·3 진상 규명을 촉구하는 시위를 벌였다. 서울과 제주도의 대학생을 망라한 제주도민학살사건 진상규명대책위를 조직하는 등 열기가 더 뜨거워졌다.

하지만 기대했던 그해 국회 양민학살사건조사단의 제주 현장 조사는 단 하루 만에, 반짝 행사처럼 끝나버렸단다. 특히 다음 해 터진 5·16군사쿠데타로 인해 제주4·3은 또다시 금기의 언어가 되고 말았던 것이지.

국가보안법과 연좌제를 들고 나온 군사정권은 제주 사람들을 반공의 이름 아래 족쇄를 채웠고, 4·3을 남로당 세력이 대한민국의 건국을 방해하기 위하여 일으킨 폭동 사건으로 왜곡, 국정교과서에 그렇게 가르치도록 했다.

제주 말로 "속솜허라이(조용하라)". 우리 교육의 현대사 대목에서 4·3, 그것은 한 줄짜리 '폭동'이었다. 왜곡된 교과서로 공부하고, 왜곡된 교과서로 교단에 서야 했던 교사들 역시 시대의 피해자가 아닐까. 그동안 교육을 받지 못하는 학생들보다 교육을 할 수 없었던 교사들의 갑갑증이 더 컸으리. 무대는 있으나, 자유로운 공연을 할 수 없는 예술가와 다를 바 없었으니 말이다.

허나, 진실과 인권에 대한 열망은 사그라지지 않고 들불처럼 타올랐지. 그것은 1987년 6월민주항쟁이었다. 이는 정치권에서 4·3을 주목하게 하는 분수령이 되었고, 4·3의 진실을 향한 온 도민의 비원에 힘을 실어주었다. 이후 '4·3' 문제 해결은 너나없이 선거의 단골 공약이 되었으며, 소설과 시, 마당극, 노래, 그림도 그 아픈 영혼들에 꽃을 던졌다.

1988년 광주5·18청문회를 자신의 아픔처럼 지켜보던 4·3 체험자들과 유족들은 마침내 용기를 내었다. 마치 목에 걸린 가시 같던 그 기억을 꺼냈고, 명예 회복을 위해 기꺼이 자신의 상처 난 몸을 열어 보이기 시작했다.

이러한 바람을 타고 1989년 민간단체인 4·3연구소가 발족돼

4·3 진상 규명 운동에 한 획을 긋는 많은 연구물을 쏟아내기 시작했지. 정부의 '4·3특별법'은 이름없는 묘비명처럼 어둠에 묻혀 있던 무고한 죽음에 대한 하나의 위무였다. 1989년 시민단체가 주축이 된 '제1회 4·3추모제'가 열렸다. 억울한 원혼들을 위로하는 예술 작품이 형상화되어 나왔다. 언론의 끈질긴 진상 규명 또한 있었다.

지역 언론인 〈제민일보〉는 장장 10여 년을 그 어둠의 터널을 뚫어가며 매몰된 기억을 살려냈다. 살아남은 자들의 말문을 열게 했던 《4·3은 말한다》(전5권)를 통해 그 왜곡된 진상을 끈질기게 바로잡아갔다.

지역 방송 또한 10여 년 동안 4·3의 진실과 대면할 것을 촉구했다. 진실 찾기 운동이 더욱 불이 붙었던 1990년대, 제주도의회는 '4·3특별위원회'를 설치, 피해자 신고를 받아 《4·3 피해 조사 보고서》를 내놓았고, 서울에서도 제주4·3 진상규명·명예회복추진범국민위원회'를 결성해 진상 규명 운동을 벌여나갔다. 일본에서도 온갖 어려움을 극복하고 제주 출신 재일동포가 주축이 돼 도쿄에서는 '4·3을 생각하는 모임'이 생겨났고, '오사카4·3유족회'가 결성돼 해마다 4·3 추모제를 열고 있다.

물론 이 과정에서도 4·3을 왜곡하고 진실을 가로막는 암초와 맞서는 우여곡절을 겪었고, 그것을 넘어야 했다. 이미 훨씬 이전의 역사부터 제주 민중은 저항하는 힘이 있었고, 좌절하다가도 언젠가는 다시 일어나는 존재였다고 앞서 말했다. 그랬다. 4·3의 진실 규명에 대한 도민의 열망은 반공 이데올로기에 물든 군부독재 정권도 막을 수 없었던 것이다.

　기억하라. 20세기의 *끄트머리* 1999년 12월 16일은 역사 전환의
날이었다. '제주4·3사건진상규명 및 희생자명예회복에 관한 특별
법(4·3특별법)'이 통과되면서 한국 현대사를 새로 쓰게 한 것이다.
　그날의 눈물을 나는 잊을 수 없구나. "이제는 마음 놓고 울 수 있
느냐"며 울먹이던 그들을. 광풍의 시절을 살아낸 사람들, 이제야 숨
을 쉬고 살 수 있구나 했다던 여인, 남편이 산에서 죽었다고 죄인
처럼 낯 들지 못하고 살았다는 할머니, 쿵쾅하는 소리만 나도 심장
이 벌떡거렸다던 그들을. 자신들이 겪었던 엄청난 상처에 대하여 입
을 열려고 하지 않았던, 겁에 질려 비명조차 못 내던 사람들이었다.
4·3 시기에 제주를 떠났던 재일동포들은 그곳에서 환호했다.
　그로부터 4년 후, 2003년 10월 '제주4·3사건진상규명 및 희생
자명예회복위원회(위원장 국무총리)'는《제주4·3사건 진상 조사 보고
서》를 세상에 내놓을 수 있었다. 4·3특별법의 취지대로 과거 인권
유린의 실태를 낱낱이 드러낸 이 진상 보고서는 위원회가 4년여에
걸쳐 일궈낸 방대한 진실 규명의 결실이었으며, 역사 바로 세우기의
기념비적인 일이었다. 이 이야기 역시 이 보고서를 근거로 했음을
밝힌다. 그리고 아직도 산 자들의 진실 캐기 작업은 계속되고 있다.
제주4·3평화재단에서는 2012년부터 4·3추가진상조사사업단이
꾸려져 조사를 벌였고, 제주4·3연구소 등에서도 규명해야 할 4·3
연구 작업을 계속하고 있다.

마침내 국가가 답한
4·3희생자추념일

2008년 3월 쌀쌀했던 이른 봄, 제주시 봉개동 거친오름 자락 아래 역사적인 기념관이 문을 열었다. 제주4·3평화기념관이다. 분열과 갈등의 시대를 접고 화해와 상생의 터전이자 동북아 시대 진정한 평화와 인권의 성지로 자리매김하기 위해서다.

이 안으로 들어서면 아직도 4·3의 이름을 제대로 새기지 못해 하얀 비석 그대로 누워 있는 백비를 만나게 된다. "언젠가 이 비에 제주4·3의 이름을 새기고 일으켜 세우리라"고 적혀 있지. 어쩌면 어느 시인의 말처럼 "평화는 지키는 게 아니라 창조하는 것"인지 모른다. 결국은 가파른 분단의 시대를 넘어서 진정한 통일의 그날 새 이름을 새길 수 있을 것이다.

군사재판과, 일반 재판에 의한 육지 형무소에서의 행방불명과 한국전쟁 시기의 예비검속 행방불명, 그리고 토벌대의 진압 작전과 충돌 과정에서 무수한 도민이 제주의 들판에서 희생됐으나 시신을 찾지 못한 경우가 허다했다. 4·3 당시 희생된 분들 중 4·3 희생자로 신고된 1만 3903명(2024년 3월 현재 1만 4822명, 생존 희생자 103명)의 이름이 각각 새겨진 '각명비'가 2009년 제주4·3 제61주년에 공개되자 유족들은 다시 한 번 비를 쓰다듬으며 흐느꼈다.

같은 해 10월 27일, 안개 자욱한 날 새벽 제주4·3평화공원. 또다시 주름 깊은 얼굴의 유족들의 오열이 터져 나왔다. 어둡고 막막했던 4·3 당시, 고향을 떠나 다시는 돌아오지 못했던 아들과 시아버지와 남편과 동생 들의 묘비가 세워졌다. 행방불명된 희생자의 제단을 봉행하는 날이었다. 4000여 기의 행방불명 희생자 표석 준공식. 섬은 까마귀 떼로 덮여 있는 것 같았다. 표석 앞에 선 유족들은 다신 "빨갱이다" "폭도다" 그런 심한 말은 하지 말아줬으면 한다고 울먹였다. 억울하게 죄인 아닌 죄인이 돼 옥살이까지 했던 생의 흔적을 지워줬으면 한다고 했다. 당해보지 않은 자는 그 굴레를 모른다 하지 않았을까.

○○○○년 ○○월 ○○일 출생, 1950년 대전형무소에서 행불. 간단한 생몰의 이력 가운데는 이름 없는 아이들의 묘비 '○명 미상' '○○○의 자'도 보인다. 국가가 씌운 4·3의 굴레 속에서 온 가족이 압박당했다. 당해보지 않은 자는 모른다 하였다.

정성껏 제물을 준비해온 유족들의 눈물이 땅을 적셨다. 그렇게 돌아오지 않는 자식을, 남편을 기다리다 백발이 된 이들의 눈은 아직도 지워지지 않는 기억의 바다를 건너고 있었다.

2014년은 4·3이 발발한 지 66년. 마침내 국가가 응답했다. 그동안 제주도민들의 오랜 바람이었던 4·3국가기념일이 제정된 것이다. '4·3희생자추념일'. 공식 이름이다. 역사가 흘러온 만큼 기다려왔던 4·3이었다. 4·3은 한 걸음씩 걸었으나 역사의 역주행엔 치열하였다. 4·3국가기념일은 4·3특별법이 정한 4·3 해결을 위한 새로운 의미다. 서로가 서로를 위무하고, 살리기 위한 4·3의 부활이 시작됐다. 이 추념일의 제정은 무엇보다 억울하게 희생된 이들의 명예 회복이란 점에서 큰 의미가 있다. 하지만 산 자들의 진정한 애도는 이 역사를 잊지 말아야 한다는 것 아닐까. 이 땅에 사는 사람들은 아직도 국가 공권력에 의해 큰 희생이 벌어졌던 이 역사를 너무나 모른다. 4·3을 통해 희망을 이야기하고, 평화를 구현하는 것, 바로 교육을 통한 실천인 것이다. 그래야 적어도 그날의 상처를 조금이라도 치유하는 길이 되리라 믿는다. 그것 또한 진정한 명예 회복의 하나가 아니겠는가. 4·3의 상처 위에서 좀 더 격을 세우고, 좀 더 내면화된 정신을 기려야 하는 것 말이다.

제주 섬, 평화의 근거지

그렇다. 한국 현대사에서 제주는 핍박받은 당사자였다. 이 때문에 길고 긴 외세의 파고를 타 넘으면서 섬 사람들이 유산처럼 물려받았던 것은 자연에 순응하고 외압으로부터 저항하는 정신이었다. 그러면서도 고귀하게 지켜온 것은 아름다운 섬 공동체였다. 함께 힘을 모으고 스스로를 키우는 것, 그것은 어떤 어려움도 한꺼번에 극복할 수 있게 하는 동력이었으며, 생존 방식이었다.

그렇게 이룩했던 이 섬의 풍경은 4·3 광풍으로 삽시간에 휘둘렸다. 그때 혹독한 탄압을 받고도 가만히 순응만 했더라면, 4·3의 저항은 일어나지 않았을 것이고, 그때 우리의 조국이 두 동강이 난다

해도 남한만 단독으로 치르는 선거에 동조를 했더라면, 그 피바람은 없었을 것이다.

허나, 스러지면 들풀처럼 일어나는 것이 민중의 힘 아니겠느냐. 4·3의 결과는 유혈이었으나, 그것의 출발은 인간이 누려야 할 최소한의 가치를 지켜내려 한 일대 저항의 발로였음을 잊어선 안 될 것이다. 인간의 자존이 송두리째 짓밟히는데 어떻게 가만히 있을 수 있었겠는가.

지리산은 조선의 이성계가 등극할 때 5대산 중 유독 저 홀로 응답하지 않았다 해서 복종하지 않은 산, 반역의 산, '불복산'이란 전설을 남겼다지. 허나 해방 공간에서의 불복산은 한라산이었다. 그때의 반역은, 우리는 민족의 분단을 결코 인정하지 않겠다는, 민족 공동체를 갈구했던 의지였던 것이지. 반쪽 조국이 가져올지도 모를 참혹한 동족상잔의 비극을 자각하고 있었던 것이다.

지금 우리는 통일 시대의 길을 열고 있다. 4·3의 저항 정신은 봄날 아지랑이처럼 스멀거리는 옛 흉터를 딛고 이 시대, 지구 상 유일한 분단국가의 통일 거름으로 바쳐질 것이라 믿는다. 스스로 일어난 민중의 통일 운동의 하나로, 남과 북의 중간적 입장에 서서 당당하게 역사적 책임을 묻는 자리에 서게 될 날이 올 것이라 믿는다.

4·3은 다시 말하거니와 살아 있는 사람들의 역사다. "'4·3사건'은 당신들이 생활하는 동안 시시각각, 마치 날마다 이 세상의 일출과 일몰과도 같이 항상 존재하는 것"이라고 한 중국 작가 위화의 말처럼. 4·3은 과거사가 아닌 아직도 밝혀져야 할 부분이 많은 현재

다시
봄날에
글을 마치며

의 역사, 산 자들인 우리가 풀어야 할 슬픈 숙제다. 여전히 입을 다물고 있는 미국의 책임도 밝혀야 한다.

대륙과 해양의 교차 지대로 외세의 발굽이 발판으로 삼았던 제주 섬, 때마다 바람 타던 섬의 운명은 이제 시대 변화와 함께 달라졌다. 한라산 자락에 펼쳐진 땅, 화산섬 제주도. 섬의 위치는 평화 운동의 근거지라는 새로운 의미를 품고 있다.

세계사에도 드문 이 대학살로 숨 막힌 반백 년을 사는 동안 평화와 인권이란 이름은 먼 나라 이야기로만 들렸던 섬이었다. 억누를수록 갈망은 커진다. 그만큼 평화와 인권에 대한 열망은 크고 넘치는 것 아니겠느냐. 때문에 4·3은 세계 평화의 발신음이어야 한다.

그때, '우리'를 지키기 위해 한반도에 들어왔던 외세와 맞서 싸웠던 제주 섬의 치열한 시대정신. 통일로 가는 여정에서 거쳐야 할 현대사의 시원, 이것이 4·3이 과거의 기억으로만 끝나선 안 될, 우리 시대에 4·3이 부활해야 하는 뜻이며, 이 땅에 아직도 묻힌 과거사의 진실 찾기 행진을 벌여야 하는 이유가 아니겠느냐.

과거를 모르고 어떻게 나를 찾겠는가. 과거사의 어둠을 그대로 방치한 채 어떻게 이 사회가 맑아지기를 바라겠는가. 오늘도 4·3은 너무도 오래 침묵했던 사람들인 우리에게 기억을 일깨운다. 산 자인 우리는 죽을힘을 다해 진실을 파내야 한다. 아직도 땅 밑에 묻힌 주검을 파내야 한다. 바다에 수장된 주검을 건져 올려야 한다. 그 작업부터 하지 않으면 안 된다. 그리하여 말한다. 해방 이후 우리 현대사는 4·3의 진실을 말하지 않고 가서는 안 된다. 4·3이 왜 일어나고 뭘 원했던가. 제주도민이, 어떻게 죽어갔던가. 그것을 모르고서는 역사의 한 줄도 나가지 못한다. 그러지 않고는 제주도의 진짜 풍경을 보았다 할 수 없음을.

다시 봄날에... 슬픔 뒤의 미소를 떠올리며

잔혹했던 세월, 그 위로 그동안 얼마나 애처로운 동백꽃이 피었다 지고 다시 피었다 졌는가. 통꽃처럼 져버린 목숨들, 산 자들은 이제 그 설운 사람들을 위하여 진혼의 노래를 부른다. 그리하여 설운 넋들이 다시 들풀로 살아나 당신들의 눈물이 이 봄날 속에서 마르기를 비념한다. 기억의 골짜기에서 사라져버린 사람들, 그들은 그날 이후 새봄과 함께 우리에게 돌아온다. 먼바다로 흐르는 넋들이 흘러 흘러 돌아온다.

그렇다. 제주의 사월은 황홀하게도 그들이 돌아오는 시간이다. 그런 일을 다시는 반복하지 않기를 바라는 시간이다. 공식 역사에서 지워진 기억의 타살을 다시는 겪지 않기를.

저 오름 들판에 뿌려진 꽃향유나 피뿌리풀, 물매화…, 어디 핏빛으로 물들지 않았던 꽃 있었던가. 통으로 떨어지는 희디흰 때죽나무 꽃무더기의 참혹한 아름다움마저 그날의 떼죽음을 떠올리게 한다.

제주4·3평화공원에서 열린 제70주년 제주4·3 희생자 추념식.

　사방 막힌 섬, 숭숭 구멍 뚫린 현무암 돌담 사이사이로 한없이 쫓기던 서러운 역사. 정말 끝내고 싶었으나 제주도 사람들은 그 아픈 기억과의 싸움을 끝낼 수 없었다. 함께 가다 뒤돌아보면 행방불명, 사라져버린 사람들, 부모 손 잡고 달리다 보면 보이지 않던 아이들, 잡목 숲 사이에 얼어붙은 주검들, 산 자들이 그 사라진 자들의 죽음을 잊을 수 있을까. 그때를 겪은 이들은 시국 탓이었다고도 하고, 그들 때문에 좋은 세상을 산다고 생각한다.

　그렇게 20세기 야만의 시대를 건너온 21세기, 단추 하나면 척척 정보를 알 수 있는 이 시대에도 세계 곳곳에선 야만의 전쟁이 그치지 않는구나. 학살이란 단어가, 야만이란 단어가 이제는 정말 사라져야 할 때가 되었는데 말이지.

두 아들을 가슴에 묻고 평생 가슴병을 앓다 간 할머니가 언젠가 이렇게 말했지. "오직 양심 하나 믿고 살앗수다(살았습니다). 우리야 시대를 잘못 만나 이렇게 살앗수다. 우리 자식들 세대는 절대 이런 일이 있어선 안 됩니다. 행복하게 살아야 합니다." 당신 자신이 그 해 그날의 비극을, 상처를, 죄 없는 모든 죄를 다 쓸어안고 가겠다는 양, 살다가 갔다.

아, 4·3은 그렇게 슬픔 속에 갇혀 있어야만 하겠느냐. 진실이 희망이다. 슬픔 없이 어떤 희망도 자라지 않는다. 나는 믿는다. 슬픔 뒤에 내재된 미소를 우리는 느껴야 한다는 것을. 아무리 혹한의 겨울 속에서도 제주의 할머니 할아버지 들은 칭칭 고목을 타고 올라가는 다래넝쿨 같은 희망의 줄기를 놓지 않았다.

단지 희망이란 그래도 살아간다는 것 하나였다. 그 희망을 희망이라 말하지 않았을 뿐이다. 청상에 남편 잃고 평생을 자식 하나 살피며 살아온 여인들의 말처럼, '살암시민 살아진다'라는 것. 단지 살다 보면 살 수 있다는 것 아니겠는가. 그건 지금 우리에게 주는 단단한 용기가 아니겠느냐.

4·3은 말한다. 역사의 진실은 가둔다고 가둬지는 것이 아님을, 역사는 미래를 위해 있는 것임을. 인간의 역사는 계속되고 삶은 계속

된다. 그러기를 나는 믿는다. 서로가 서로에게 가했던 상처는 분명 드러내야 하고, 그 드러난 상처는 햇볕에 바짝 말려야 깨끗이 소독이 된다. 그래야 다시 새살이 돋는다.

제주 섬은 다시 봄날. 꽃노랑 꽃분홍 하르르 쏟아지는 봄날이구나. 붉디붉은 동백 꽃잎 뚝뚝 피고 지는 지금 그 북촌리 옴팡밭 가녘, 어린 눈동자들이 묻힌 애기 돌무덤가에도 새파란 봄풀이 돋아나 피의 대지를 달래고 있다.

이제 알겠느냐. 슬픈 역사, 그날 이후 제주의 서정은 그냥 그대로의 서정이 아니었음을. 섬 사람들은 왜 해가 뜨고 지듯이 잊을 수 없는 내면의 상처를 지니고 사는지를. 수많은 주검들이 떠다니는 바다, 한 치 앞도 안 보이게 휘몰아치던 폭설의 한라산, 우왕좌왕 살기 위한 발자국 딛지 않은 곳 없으며, 이 섬 어느 곳인들 안전한 곳 있었겠느냐는 말을….

그날 이후, 폐허가 된 가슴으로 그런데도 살아남아 지금까지 정신적 외상인 트라우마와 육체적 고통을 안고 황혼을 보내는 이들에게 후손들인 우리는 이제 무엇을 할 것인가. 우리 앞엔 이 과제가 맡겨졌다.

통일로 가는 도정에서, 이제 우리는 기어이 불행했던 과거의 힘으로 평화와 인권의 역사를 다시 써야 할 때가 되었다. 슬픔의 노래를 밝고 찬란한 4월의 노래로 덮어야 할 때가 되었다. 그 길 위에 젊은 네가 있다. 그래, 이제 이 제주 섬의 봄날이 그냥 그대로의 봄날이 아님을 알겠느냐.

강요배,《동백꽃 지다》, 학고재, 1998.

고희범·허호준,〈이덕구〉《발굴 한국 현대사 인물》3, 한겨레신문사, 1992.

김동만·고성만,《몸에 새긴 역사의 기억》, 각, 2004.

김순태,〈제주4·3 당시 계엄의 불법성〉,《제주4·3연구》, 역사비평사, 1999.

김종민,〈4·3이후 50년〉,《제주4·3연구》, 역사비평사, 1999.

무라카미 나오코,〈4·3시기의 재일제주인〉, '재일제주인의 삶과 제주도' 학술세미나 자료집,
　　제주발전연구원·제주대사회과학연구소·탐라문화연구소, 2005.

무라카미 나오코,〈프란겐 문고 내의 재일조선인 발행 신문에 나타난 제주4·3 인식〉,《4·3과
　　역사》제5호, 각, 2005.

박찬식,《4·3의 진실》, 제주4·3평화재단, 2010.

서중석,《사진과 그림으로 보는 한국현대사》, 웅진지식하우스, 2013.

역사문제연구소,《제주4·3연구》, 역사비평사, 1999.

제민일보 4·3취재반,《4·3은 말한다》1~5권, 전예원, 1998.

제민일보 4·3취재반,〈4·3은 말한다〉,《제민일보》, 1998~1999.

제주4·3사건진상규명 및 희생자 명예회복 위원회,《제주4·3 진상조사 보고서》, 2003.

제주4·3연구소,《4·3과 역사》제8호, 각, 2000.

제주4·3연구소,《무덤에서 살아 나온 4·3수형자들》, 역사비평사, 2002.

제주4·3연구소,《4·3과 역사》제2호, 각, 2002.

제주4·3연구소,《빌레못굴, 그 끝없는 어둠 속에서》, 한울, 2013.

제주4·3연구소,《이제사 말햄수다》1~2, 한울, 1989.

제주4·3평화재단·제주4·3연구소, 제주4·3구술자료총서《갈치가 갈치 꼴랭이 끊어먹었다
　　할 수 밖에》, 한그루, 2010.

제주4·3평화재단·제주4·3연구소, 제주4·3구술자료총서《아무리 어려워도 살려고 하면 사
　　는 법》, 한그루, 2011.

제주4·3평화재단·제주4·3연구소, 제주4·3구술자료총서《지금까지 살아진 것이 용헌 거
　　라》, 한그루, 2011.

진실화해를 위한 과거사정리위원회,《제주예비검속사건(섯알오름 진실 규명 결정서)》, 2007.

허영선,〈제주4·3시기 아동학살연구〉, 제주대 대학원 석사논문, 2005.

허호준,〈4·3을 넘어서는 4·3문학〉,《제주작가》, 제주작가회의, 2011.

참고 문헌

현기영, 《순이 삼촌》, 창작과비평사, 1979.
현용준, 《한라산 오르듯이》, 각, 2002.
그 외, 필자 증언 채록들.

1947년

3. 1.   • 제주민전 주최 제28주년 3·1절 기념식 개최. 응원 경찰의 발포로 주민 6명 사망,
        8명 중경상을 당하는 '3·1사건' 발생.

3. 10. • 제주도청을 시작으로 3·1사건에 항의하는 민·관 총파업 돌입. 13일까지 제주도
        전체 직장의 95퍼센트인 166개 기관·단체에서 파업에 가세.

3. 14. • 박경훈 제주도지사, 스타우드 제주도 군정 장관에게 사직서 제출.

3. 15. • 전남경찰 122명, 전북경찰 100명 등 응원 경찰 222명 제주도 도착(이후 응원 경찰
        계속 증파).

4. 10. • 제주도지사에 전북 출신 유해진 발령.

5. 21. • 미소공동위원회 재개.

5. 23. • 3·1사건 관련 재판에 회부된 328명에 대한 공판 완결.

6. 6.   • 구좌면 종달리, 민청 집회를 단속하던 경찰관 3명이 마을 청년들로부터 집단
        폭행당한 세칭 '6·6사건' 발생.

7. 18. • 전 제주도지사 박경훈, 제주도 민전 의장에 추대.

9. 17. • 제2차 미소공위 결렬. 미국, 한반도 문제 UN에 상정.

11. 2. • 서북청년회 제주도본부(위원장 장동춘) 발족.

1948년

2. 26. • UN임시총회, "UN한국위원단이 접근할 수 있는 지역에서 단독선거를 실시"라는
        미국안 채택.

2월 말 • 남로당 제주도당 임원들의 '신촌회의'에서 무장투쟁 방침 결정.

3. 6.   • 조천지서에서 취조를 받던 조천중학원생 김용철 고문치사 사건 발생.

3. 14. • 모슬포지서에서 대정면 영락리 청년 양은하 고문치사 사건 발생.

4. 3.   • 제주도에서 무장봉기 발발. 350여 명의 남로당 제주도당 무장대가 새벽 2시를
        기해 제주 도내 12개 지서, 우익 단체 요인의 집을 습격. 경찰 4명, 민간인 8명,
        무장대 2명 사망.

4. 5.   • 미군정, 약 100명의 전남경찰을 응원대로 급파하고 제주경찰감찰청 내에
        제주비상경비사령부 설치(사령관 김정호 경무부 공안국장).

4. 28. • 제9연대장 김익렬과 무장대 총책 김달삼과 평화 협상 진행. 72시간 내 전투 중지
        등에 합의.

5. 1.   • 세칭 '오라리 방화 사건' 발생해 평화 협상 파기.

5. 5.   • 제주읍 미군청청 회의실에서 딘 군정 장관, 안재홍 민정 장관, 조병옥 경무부장,
        송호성 경비대사령관, 맨스필드 중령, 유해진 도지사, 김익렬 9연대장, 최천
        제주경찰감찰청장 등이 모여 이른바 '5·5 최고수뇌회의' 개최.
5. 6.   • 미군정, 김익렬 9연대장 해임, 신임 9연대장에 박진경 중령 임명.
5. 10. • 5·10선거 실시. 제주도 62.8퍼센트로 가장 낮은 투표율 기록. 북제주군 갑·을
        2개 선거구는 과반수 미달로 선거무효됨.
5. 15. • 제11연대 수원에서 제주로 이동(연대장에 제9연대장인 박진경 중령 취임). 기존의
        제9연대는 제11연대에 합편됨.
5. 20. • 경비대원 41명이 모슬포 부대에서 탈영.
5. 28. • 유해진 제주도지사 경질, 제주 출신 임관호가 지사로 임명됨.
6. 17. • 제주경찰감찰청장에 제주 출신의 김봉호 임명.
6. 18. • 박진경 제11연대장 숙소에서 부하에 의해 피살.
6. 21. • 제11연대장에 최경록 중령, 부연대장에 송요찬 소령 부임.
7. 15. • 제9연대를 제11연대에서 배속 해제하여 재편성(연대장에 송요찬 소령, 부연대장 서종철
        대위).
7. 20. • 이승만, 국회에서 초대 대한민국 대통령으로 선출.
8. 15. • 대한민국 정부 수립 공포.
8. 21. • 김달삼, 해주에서 열린 남조선인민대표자대회에서 주석단 일원으로 선출.
10. 5. • 제주경찰감찰청장에 평남 출신 홍순봉 임명.
10. 11. • 제주도경비사령부(사령관 김상겸 대령) 설치.
10. 17. • 송요찬 9연대장, 제주 해안에서 5킬로미터 이상 지역에 통행금지를 명령하면서
        이를 어길 시 이유 여하를 불문하고 총살에 처하겠다는 내용의 포고문 발표.
10. 19. • 여수 14연대 반란 사건 발생.
        • 송요찬 9연대장, 제주도경비사령관 겸직.
11. 13. • 토벌대, 애월면 소길리 원동마을에서 주민 50~60명을 집단 총살, 이날을
        기점으로 약 4개월간 중산간 마을을 초토화하고 주민들을 집단 총살.
11. 17. • 대통령령 제31호로 제주도 전역에 계엄령 선포.
12. 3. • 1차 계엄고등군법회의 개정. 12월 3일부터 12월 27일까지 총 12차례에 걸쳐
        민간인 871명에 대해 유죄판결.
        • 무장대, 경찰지서 소재지인 구좌면 세화리를 대대적으로 습격해 주민
        50명가량을 살해하고 40가호 150채에 방화.
12. 13. • 서북청년회 단원 620명이 정식 경찰로 임용.
12. 15. • 토벌대, 표선면 토산리 주민 150여 명을 표선국교로 끌고가 감금했다가 12월
        18일과 19일 양일에 걸쳐 집단 총살.

12. 18.	• 토벌대, 구좌면 하도리·종달리 주민 10여 명(여자 3명, 어린이 포함)이 숨어 있던 '다랑쉬굴'을 발견, 굴속으로 불을 지펴 질식사시킴.
12. 19.	• 서북청년회 단원 250명 제주 도착. 이 중 25명은 경찰, 225명은 군인이 됨.
12. 21.	• 토벌대, 조천면 관내 자수자 150명을 제주읍 속칭 '박성내'라는 냇가로 데려가 집단 총살.
12. 29.	• 2연대(연대장 함병선), 9연대와 교체해 제주에 주둔.
12. 31.	• 제주도지구 계엄령 해제.

1949년

1. 12.	• 무장대, 남원면 의귀리 주둔 2연대 2중대 습격 후 패퇴. 군인들은 전투 직후 의귀국민학교에 수용했던 중산간 마을 주민 80여 명을 집단 총살.
1. 17.	• '북촌사건' 발생. 토벌대, 마을 인근에서 군인들이 기습받은 데 대한 보복으로 조천면 북촌리를 모두 불태우고 이튿날까지 주민 400명가량을 집단 총살.
1. 22.	• 토벌대, 안덕면 동광리·상창리 주민 등 80여 명을 서귀포 정방폭포 부근에서 집단 총살.
2. 4.	• 제주읍 봉개지구(봉개·용강·회천리)에 대한 육해공군 합동작전 전개. 토벌대, 도망가는 주민들을 추격하여 수백 명을 총살.
2. 27.	• 제2연대, 1948년 12월 고등군법회의에서 사형선고를 받은 39명에 대해 사형 집행.
3. 2.	• 제주도지구전투사령부(사령관 유재흥 대령, 참모장 함병선 2연대장) 설치.
5. 10.	• 국회의원 재선거 실시. 홍순녕·양병직 당선.
6. 7.	• 무장대 총사령관 이덕구, 경찰에 의해 사살.
6. 23.	• 고등군법회의 개최. 6월 23일부터 7월 7일까지 총 10차례 개최돼 민간인 1659명에 대해 유죄판결.
8. 13.	• 제2연대, 독립제1대대(부대장 김용주)에 제주도지구 경비 일체를 인계 후 완전 철수.
8. 20.	• 제주지구위수사령부를 설치(제주주둔 부대장이 위수사령관이 됨).
10. 2.	• 제주비행장 인근에서 '1949년 군법회의' 결과 사형이 선고된 249명에 대한 총살형 집행해 암매장.
11. 24.	• 계엄법 제정·공포.
12. 27.	• 독립 제1대대 제주에서 철수.
12. 28.	• 해병대(사령관 신현준 대령) 제주에 도착.

1950년

6. 25. • 6·25전쟁 발발. 제주도 해병대사령관이 제주도지구 계엄사령관 겸임.

7. 20. • 비상계엄 남한 전역으로 확대.

7. 27. • 제주읍 주정 공장에 예비검속됐던 사람들이 사라봉 앞 바다에 수장됨.

7. 29. • 서귀포경찰서 관내에 예비검속됐던 수감자 150여 명이 끌려 나가 바다에 수장됨.

8. 4. • 제주경찰서·주정공장 등에 수감됐던 예비검속자 수백 명이 제주항 앞바다에
수장됨.

8. 5. • 모슬포 부대에서 해병대 신병 입영식 거행. 오현중학교 학생 423명이 학도병
지원.

8. 8. • 제주지검장, 법원장 등 도내 유력 인사 16명이 '인민군환영준비위원회'를
결성했다는 혐의로 체포·구금.

8. 19. • 제주경찰서 유치장에 수감되었던 예비검속자 수백 명이 19일 밤부터 20일
새벽까지 제주비행장에서 총살된 후 암매장.

8. 20. • 모슬포경찰서 관내 한림면·대정면·안덕면 예비검속자 252명이 군에 송치돼
송악산 섯알오름에서 집단 총살됨.

10. 10. • 제주도지구의 계엄 해제.

1951년

1. 22. • 육군 제1훈련소 대구에서 제주도로 이동.

5. 10. • 제주도 육군특무대 창설.

1952년

11. 1. • 제주도경찰국, 100전투경찰사령부 창설.

1954년

1. 15. • 이경진 제주도경찰국장, 잔여 무장대는 6명뿐이라고 발표.

4. 1. • 한라산 부분 개방. 산간 부락 입주 및 복귀 허용.

9. 21. • 한라산 금족 구역 해제.

4·3의
흔적을
따라
걷는다

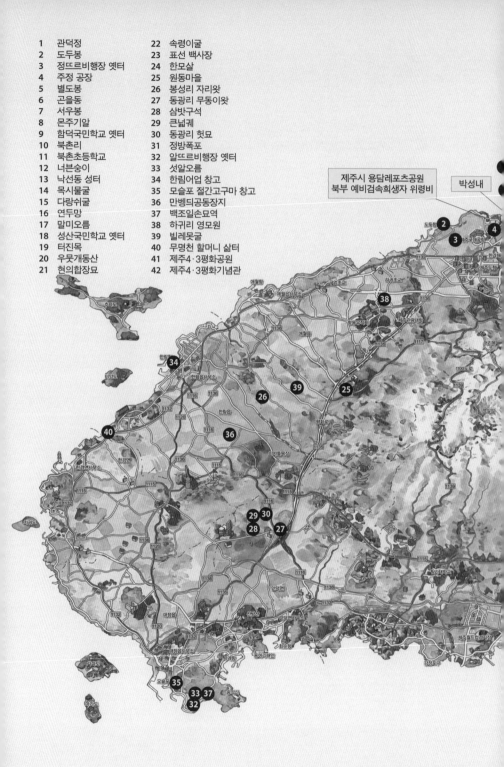

제주시 용담레포츠공원
북부 예비검속희생자 위령비

박성내

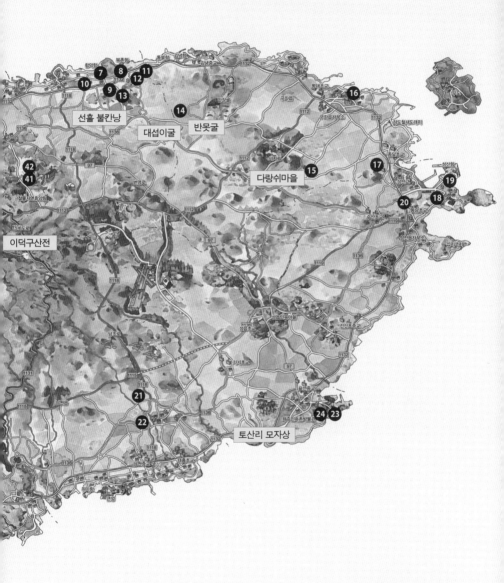

선흘 불칸낭

대섭이굴

반못굴

다랑쉬마을

이덕구산전

토산리 모자상

제주4·3
유적 지도

지도 일러스트레이션 ⓒ 디자인 누리

이제 그날의 흔적을 따라 떠나볼까. 억울하게 죽은 사람들과 행방불명된 사람들로 크게 상처받은 땅. 제주의 모든 길 위에 땅 아래, 오름에, 바다에 꽃 목숨들이 있었지. 학교마다, 군경 주둔소 혹은 마을동산마다, 울퉁불퉁 아름다운 돌담 사이사이로 보이는 그 검은 밭가녘마다, 하천에도. 제주국제공항에서부터 동서로, 남북으로 온 섬한 바퀴 돌다 보면 꼭 한 번은 만나게 되는 그 풍광의 뒤에는 4·3의 시간이 남아 있다. 집단 학살의 마을 가운데에는 초토화 속에 제주의 제노사이드를 연상케 하는 길도 만나게 된다. 그러나 이 길은 우리가 다시 희망을 피워 올리는 길임을 잊지 말아야 한다.

도두봉에 올라 그들을 위무하다

[1]관덕정 마당에서 4·3의 도화선이 됐던 날의 총소리를 상상하며 발걸음을 옮겨본다. 우선 [2]도두봉에 오르면 제주국제공항을 사이에 낀 해안도로를 차들이 쌩쌩 질주하는 모습이 보인다. 출렁이는 바다를 끼고 솟은 이 오름에서는 한라산도, 오름도, 사방이 탁 트여 있다. 여기는 1948년 5월 20일, 토벌대가 도두리를 기습, 무차별 체포한 주민과 인근 바다에서 조업 중이던 사수동 출신 어부 5명 등 주민 10여 명을 학살한 현장이란다.

도두봉에선 제주국제공항([3]옛 정뜨르비행장) 남북 활주로가 한눈에 들어온다. 저곳이 바로 학살 장소다. 60여 년을 꽁꽁 구덩이 속에서 흙 이불 덮고 누워 있던 259구의 시신이 발굴된 곳이다. 육신의 옷은 전부 어디로 가고 산처럼 층층 뼛조각으로 남아 있었을까. 썩지 않는 안경이며, 도장이며, 단추 같은 것만 남아 그들을 기억하게 한다. 그 현장을 직접 본 사람들은 모두 충격을 금할 수 없었다. 그들은 오랜 세월 산 자들이 내는 비행기의 굉음을 들었을 것이다. 4·3은 그렇게 처연하게 살아 있다.

살기 찾아 내려온 주민들의 수용소, 주정 공장

초토화된 고향을 버리고 살기 위해 산으로 피신했던 사람들은 솔깃

했다. 앞에서도 얘기했지만, 1949년 3월 말에는 다들 산에서 내려와 귀순하면 살려주겠다고 해 수많은 사람이 산에서 내려왔다. 바로 그 사람들을 수용하던 자리가 이곳에 있었다. 일제강점기 때의 ⁴주정공장. 지금은 그때의 모습을 상상할 수밖에 없는 터만 남았구나. 여기서 수개월 동안 수용되었던 사람들 중에선 곧 풀려난 이도 있으나 또 다른 아픔을 느껴야 했던 사람들도 있다. 흩어졌던 가족들과 만나는 꿈에 부풀어 있던 사람들은 그게 얼마나 어려운 일인지 감지해야 했다.

수용소에서도 배고픔에 시달리기도 했고, 병들어 죽는 아이도 생겨났고, 아이들이 태어나기도 했다. 게다가 기막혔던 것은 그땐 법이 정한 최소한의 절차도 없이 군법회의란 이름으로 육지 형무소로, 혹은 제주비행장 죽음의 길로 가는 사람이 많았다는 것이다. 애기 업은 여인들이 제주항에서 끌려가는 남편의 뒷모습만 보고 눈물 적셨다.

제주항을 떠나는 사람들과 이별하기 좋은 ⁵별도봉이 바로 가까이에 있다. 이곳엔 옛 일본군 갱도 진지가 있다. 1948년 겨울, 토벌대가 9연대에서 숙청된 군인들을 총살한 후 암매장한 곳으로 추정되는 현장이지. 산과 바다를 낀 보기 드문 산책로 별도봉 기슭을 동쪽으로 천천히 돌아본다. 울퉁불퉁 새까만 밭담, 노란 유채꽃이 출렁이는 아름다운 밭이 보인다. 이 자리엔 그때 마을이 있었다. 늘 물이 고인다던 ⁶곤을동. 그런데 왜 67가구 주민들이 살던 이 마을은 사라졌을까.

1949년 1월 5일. 군인 1개 소대가 이 마을을 포위했다. 비교적 젊은 사람들 10여 명을 마을 앞 바닷가에서 총살하고 어린아이와 여인도 화북국민학교에 수용했다. 횃불로 초가에 불을 놓자 마을은 순식간에 화염에 휩싸였단다. 다음 날엔 학교에 가둔 주민 중에 일부를 화북동 동쪽 바닷가에서 학살한다. 소개령으로 중산간 마을이 불에 탔는데, 곤을동은 해안 마을이었음에도 사라진 마을이 되었다.

서우봉에서 북촌리까지

함덕 바닷가 낮은 오름 [7] 서우봉. 이 아름다운 해안 절벽으로 여인들의 피맺힌 절규가 흐르고 있다. 저 북측 해안엔 [8] '몬주기알'이라고 부르는 곳이 있다. 1948년 11월 26일 선흘 부근에 숨어 지내다 발각된 주민들이 군인들의 손에 총살된 곳이란다. 지금은 수많은 관광객으로 여름이면 북적이는 이 바닷가엔 참으로 슬픈 사연들이 떠다닌다. 가까운 곳에 [9] 함덕국민학교 옛터가 있다. 1948년 12월에 9연대와 교체돼서 들어온 2연대 3대대가 주둔했던 곳이지. 중산간 마을에서 내려온 주민들이 함덕 주둔 대대본부를 거쳐 즉결 처형당했던 비극의 장소였다.

서우봉까지 오르는 길은 그리 어렵지 않다. 저기 보이는 해변 마을이 바로 집단 학살의 상징적인 마을, [10] 북촌리란다. 한날에 450명 이상이 희생된 곳. 대량 학살을 뜻하는 제노사이드, 그 자체가 4·3

북촌 너븐숭이 애기무덤.

이 아니고 무엇이겠냐. 이미
들어서 알겠지만 [11]북촌초등
학교 운동장은 학살터가 되
었고, 동산에 당이 있는 밭
이라 해서 붙은 '당팟', 서쪽
[12]너븐숭이 일대에도 사람들
의 절규가 끊이지 않았단다.
밭일하다 돌아갈 때 잠시 쉬
던 넓은 팡돌이 있어 '너븐숭

〈순이 삼촌〉 문학비.

이'였던 이곳에 있는 애기 돌무덤들이 애처롭구나. 더 이상 무슨 말
이 필요할까. 아이들의 피울음 질퍽한 이 대지, 하얀 수선화가 향을
뿜으며 아픔을 달래는 것 같지 않니. 옴팡밭이 있던 자리, 현기영의
〈순이 삼촌〉 문학비도 한번 들여다보고 가자.

선흘리 목시물굴에서 다랑쉬굴까지

마을마다 서 있지만 이 우람한 팽나무는 얼마나 그날을 전할 수 있
을까. 그날의 아픈 역사를 기억하듯 허옇게 마른 송악 줄기가 지문
처럼 검은 돌담 성벽에 찰싹 달라붙은 게 참 인상적이다. [13]낙선동
성터. 4·3 땐 알선흘로 불리다가 성을 만들어 마을이 형성된 후엔
낙선동으로 불린 곳이다. 2009년 어설프지만 다시 만들어진 이곳에

다랑쉬굴 가는 길.

선 당시의 함바집, 보초막, 경찰서, 초소, 돌담에 뚫린 총구도 그때를 상상하게 한다. 1949년 4월의 봄 한 달 동안 고사리손들까지 돌을 날랐던 곳, 등거죽이 벗겨질 정도였다 한다. 성 밖 출입도 통행증이 있어야 했다. 밤에는 통행금지! 보초를 서기 위해 열여섯 살 이상 여성과 노인도 동원됐던 곳이란다.

선흘리 주민들의 참혹한 비애가 서린 ¹⁴목시물굴. 분위기마저 스산하다. 이 좁은 통로로 들어가보면 아직도 4·3 당시 사용됐던 그릇, 숟가락, 고무신 같은 것을 어둠 속에서 볼 수 있다. 4·3의 초토화 광풍 속에서 발각될 것이 두려워 숨어 있던 그 사람들, 끝내는 처참하게 죽어간 그들의 이야기는 이미 증언으로 들어서 알고 있다. 이 굴뿐일까. 사람들을 피신시켜주리라 믿었던 이곳저곳 굴에서 많은 죽음이 있었다.

오름의 왕국 가운데 저 멋스런 모습으로 우뚝 솟은 오름이 바로 다랑쉬오름이다. 분화구가 달처럼 둥글게 보이고, 달이 그 안에 포옥 잠길 것만 같은 오름. 여기 이 오름 자락으로 이름도 어여쁜 다랑쉬마을이 있었다. 그것을 이 마을 팽나무가 가르쳐준다. 여기서 동남쪽으로 300미터, ¹⁵다랑쉬굴로 가는 길은 참으로 호젓하구나. 굴의 문은 바위로 봉인되어 있다. 하지만 그 앞에 서면 저 굴속에 숨어 지내다 연기에 질식해 죽어간 사람들의 숨결이 전해지는 듯하다.

1992년 여기, 이 다랑쉬굴에서 발굴된 유해들은 그러나 얼마 없어 서둘러 한 줌 재로 바다에 띄워 보내졌다. 그렇기에 더 상처가 컸

4·3의
흔적을 따라
걷는다

을 유족들의 심정이 여기까지 전해진다.

성산의 비극에서 현의합장묘까지

성산으로 가는 길엔 구좌면 사람들을 학살했던 상도리의 [16]연두망이나, 올레 1코스의 절경 [17]말미오름이 있다. 이 지역도 그런 아픈 상처가 스며 있는 곳이지만 풍경에 취해 무심히 지나치기 쉬운 곳이란다.

성산, 세계가 극찬하는 수중에서 솟은 산. 성산의 해벽은 여전히 비경이다. 잠녀들의 숨비소리가 바람에 휘몰아쳐 온다. 이곳 역시 '그래도 인간인가'를 묻고 싶은 참혹한 현장이란다. [18]성산국민학교 옛터는 바로 악명 높은 서북청년회를 중심으로 구성된 특별 중대가 약 3개월 정도 주둔했던 곳이다. 그래서 수많은 사람이 죽음에 이르는 고문 소리로 가득 차던 곳이다.

혹 성산 앞바다를 걷다 보면, 해안 암반이 드러난 속칭 '광치기여' 앞에 이르게 된다. 올레 1코스의 종착점이자 2코스의 시작점. 그 앞 모래사장이 [19]터진목, 무심한 물결은 그 배후를 알까 모르겠다. 여기가 성산, 구좌면 관내 주민들이 끌려가 감자 공장 창고에 수감됐다가 총살당했던 학살터였음을 말이다. 꿈틀거리는 시신을 향해서도 쏘고 쏘던 그때, 쏟아지던 폭풍 총알을 피할 길은 없었을 것이다. 그럼에도 세 살배기 아기는 손가락에 총알만 스친 채 끝내 살아난 기적도 있었다. 오조리 주민 30여 명이 1949년 1월 2일 집단 총살당했던 곳이 바로 성산 [20] 우뭇개동산이었다.

4·3 당시 중산간 마을 의귀·수망·한남리 아이들은 의귀국민학교를 함께 다녔다. 의귀리는 다른 지역보다 일찍 초토화 작전이 벌어진 마을. 1949년 1월 10일(음력 1948년 12월 12일) 새벽 무장대가 2중대를 습격했단다. 이 사건이 빌미가 돼 학교에 수용 중이던 주민 80여 명은 1월 10일과 12일 무장대와 내통했다는 구실로 보복, 살해당한다. 사람들은 세 개의 구덩이에 '멜젓 담듯(멸치젓 담듯)' 매장되고 말았단다. 임산부, 노약자, 초등학생도 있었다. 살아남은 사람들은 1983년 봄 의로운 넋들이 묻혔다는 의미로 [21] '현의합장묘'라는 이름의 묘비를 세웠다. 바람으로 떠다닌 넋들을 위해, 2003년 9월 유해 발굴 작업이 시작됐다. 총 39구의 시신이 나왔다. 어린 시신들은 이미 녹아 없어졌는지 안 보였고, 조각으로나마 진실을 증거한 뼈들은 2003년 9월 20일 안장된다.

인근에 의귀리 [22] '속령이굴'도 있다. 무장대 시신 15여 구가 묻힌 곳. 당시 군인들과 의귀리 전투에서 희생된 이들의 마지막 대지였다.

표선 백사장

'한모살'이라고 불리는 [23] 표선 백사장을 지날 때 마음은 마냥 즐겁

지만은 않다. 이때 떠오르는 그림, 강요배의 〈붉은 바다〉. 악몽의 장
소란다. 도피 중이던 가시리, 토산리 등의 주민들이 스러져간 표선
면 관내 대표적인 집단 학살터다. 남원리, 의귀리, 한남리, 수망리
주민들도 그랬다. 여인, 노약자, 아이 들의 희생은 면사무소에 군부
대가 상주했기 때문에 더 컸다. 토산리 주민 200여 명이 1948년
12월 18일부터 약 일주일에 걸쳐 희생됐다. 세화1리 청년들도 12
월 17일 토벌 가자는 군인의 명령에 따라나섰다가 한꺼번에 16명
이 희생되기도 했다. 그곳이 바로 [24]한모살이다. 지금은 표선민속촌
과 표선면도서관이 들어서 있어 흔적도 없고, 허한 파도소리만 밀
려왔다 간다.

잃어버린 마을로 가는 길

제주엔 '잃어버린 마을'이 많다. 그렇게 4·3으로 잃어버린 마을
이 130여 개. 살육의 현장을 목격했던 산 자들은 다시 고향의 봄을
기억하지 않는다. [25]원동마을. 그때 이곳에 살던 사람들은 다 어디
로 갔을까. 그 흔적은 중산간 곳곳에서 발견된다. [26]봉성리 자리왓.
1948년 11월 23일부터 사흘 동안 초토화로 사라진 30여 가호의 마
을엔 비틀리고 뭉개진 혹을 단 팽나무만 의연하다.
  그리고 여기서 좀 더 먼 사라진 마을 [27]동광리 무동이왓. 300여 년
전 화전을 일구던 주민들이 마을을 이뤘고, 멀리서 보면 춤추는 어

잃어버린 마을, 비틀렸지만 의연한 4·3을 닮은 팽나무.

격납고 안에서 본 옛 일본군 알뜨르비행장 터.

옛 일본군 알뜨르비행장 터 전경.

린아이 같다고 해서 '무동이왓'이라고도 했던 마을.[28] '삼밧구석'은 삼을 재배하던 마을이었다.

바람으로 속이 꽉 찬 350년 된 팽나무가 그날을 기억하고 있을까. 차마 상상조차 하기 힘든 학살터였던 동광리. 학살의 현장은 이제 없지만 피신처였던 [29]큰넓궤에 들어가면, 영화 〈지슬〉의 그곳을 만나게 된다. 촛불을 켜고 떠올려보면 전해져온다. 이 길고 어두운 동굴 속에서 박쥐처럼 납작 숨어서 살던 그들의 그때가.

혼만 불러와 만든 [30]'동광리 헛묘'. 대표적인 곳이 동광육거리 검문소 대각선 맞은편 임문숙 씨 일가의 헛묘와 동광리 마을 공동 목장 안에 있는 김여수 씨 가족의 헛묘. 이리저리 피신하다가 붙잡힌 사람들은 수용 생활을 하다가 결국 서귀포 [31]정방폭포 소남머리에서 죽음을 당한다. 희생된 동광리 주민은 최소 40명. 그럼에도 시신 1구도 찾지 못했다.

모슬포는 찬찬히 음미하며 걸어야 할 곳이 많다. 곳곳이 근현대사가 스민 현장이니 말이야. 일제강점기 일본군 격납고가 설치 작품처럼 앉아 있는 [32]알뜨르비행장. 일본군 최후의 보루, 결전의 터가 될 운명을 품고 있던 송악산은 절정의 풍광만큼 눈 시린 역사다. 특히 [33]섯알오름 학살터는 일본군의 패망 전 탄약고였단다. 1950년, 한국전쟁이 발발하자 그해 8월, 전국적으로 보도연맹원을 학살할 때 모슬포를 중심으로 한 제주도 서부 지역 예비검속자들이 집단 학살을 당한 곳. [34]한림어업 창고와 [35]모슬포 절간고구마 창고는 그들이 수용되었던 곳이다.

세월이 흘러 남몰래 숨죽인 고통 속에 살던 사람들은 6년이 지나서야 시신들을 수습할 수 있었다. 시신 63구는 3월 30일 [36] 만뱅듸공동장지로, 132구는 5월 18일 [37] 백조일손묘역에 안치됐다. 해마다 음력 7월 7일이면 견우직녀 만나듯 가버린 님들이 그리워 모이는 곳. 합동위령제. 만뱅듸 유족과 백조일손 유족이 모여서 내 뼈 네 뼈 가르진 못했으나 설운 넋들을 진혼했다. 그렇게 죽은 자와 산 자가 만나는 곳이 이곳이다.

한때 사람들이 살다가 떠나간, 잃어버린 마을 길엔 이곳에 한때 집들이 있었음을 보여주는 대나무 숲이 있다. 서걱이는 대나무 소리가 꼭 "누게우꽈?(누구세요?)"처럼 들려 누군가 나올 것만 같다.

빌레못굴

서녘으로 가는 길에 꼭 들러봐야 할 곳이 있다. 영모원은 성격이 꽤 다른 추모의 공간이다. 제주시 일주도로를 따라 하귀로 가다가 하귀1리 신호등에서 파군봉 쪽(한라산 방면)으로 좌회전해 약 2킬로미터 정도 올라가면 길 우측에 [38] 하귀리 영모원이 보인다. "사상도 갈등도 모르던/ 숫접은 이웃들/ 모진 바람에 어쩌다 꺾이어/ 낙화되기 반세기/ 따뜻한 이웃의 체온으로/ 다시 돌아가/ 옛날처럼 살고픈/ 화합의 표상 앞에 너와 나 손 마주 잡고/ 미쁜 마을 만들기를 다짐하

노니…" 군인과 경찰, 4·3 영령이 한곳에 잠들어 있는 곳, 관의 지원 없이 주민들 스스로 만들어 기리는 기억의 공간이다. 화해와 상생의 길을 보여주는 소박한 징표다. 살아 있는 사람들은 다정하게, 속삭이듯 살아가길 원한다는 영령들의 마음이 느껴진다. 그런 날이 오기를 기약하며….

우리 앞에 있는 이 굴은 정말 극적인 비운의 굴. 그날의 비명이 날카롭게 밭돌쩌귀 어딘가로 꽂힌다. 1949년 토벌대와 민보단이 합동 수색 작전으로 발견한 [39] 빌레못굴. 어음·납읍·장전 주민 29명이 은신해 있다가 발각돼 집단 희생된 그 길고 긴 동굴. 봄이면 노랑이 분홍이 양지꽃도 동굴 주변에서 수줍게 피어나는 이 아름다운 수풀에 그런 일이 있었다.

1973년 한 대학 탐사팀에 의해 공개된 모녀의 유골, 그들은 얼마나 떨었을까. 당시 소년이었던 진운경은 얼마 없어 죽은 그 자리에 갔다가 흙에 드러났던 시신들을 보고 매일 밤 슬프게 울었다 했다. 아직도 그날이 생생한 그도 이제 팔순이다. 유일한 생존자 양태병에게도 이 굴은 그의 생을 지배한다.

무명천 할머니 삶터로 가는 길

월령리 하얀 모래밭, 쪽빛의 바다가 검은 바닷돌과 참 조화롭다. 올레꾼들이 경관에 취해 탄성을 지르는, 샛노란 선인장밭, 이 바닷가

무명천 할머니 삶터.

를 지날 때는 잠깐 마을 안 [40] '무명천 할머니 삶터'를 찾아보자. 선인장 보라색 열매만큼 상처투성이로 살던 할머니의 방이 기다린다. 4·3 때 총알이 턱을 관통해 무명천으로 턱을 싸맨 채 평생 말도 못하며 살다가 간 여인. 이 땅의 가장 쪼끌락한(작은) 4·3기념관. 문패엔 그 이름, '진아영'. 똑똑 노크하고 "할머니, 저 왔수다(왔어요)" 하며 들어간다. 그러면 어디선가 선인장꽃처럼 환한 얼굴로 할머니가 맞아줄지 모른다. "할머니, 더 이상 아파하지 마세요"라고 쓴 방명록 위로 햇살 한줄기 쏟아진다.

제주 4·3평화기념관

이제 4·3 진상규명과 명예회복을 위한 상징적 순례지를 찾을 시간이다. [41] 제주4·3평화공원. 화해와 상생의 마음으로. 거친오름 자락 12만 평 부지, 위패 봉안실에는 4·3희생자 1만 3903위의 위패가 마을별로 모셔져 있다. 위패 봉안실을 나오면 시신을 찾을 수 없는 이들의 넋이 표석으로 줄지어 서 있다. 예비검속 행방불명인과 제주·대전·경인·영남·호남 지역의 각 형무소에서 행방불명된 이들의 혼백이다. 표석이 차갑지만 그것을 어루만지는 늙은 할머니의 손이 있다. 그리고 수없이 많은 까마귀 떼, 저들도 향수에 겨워 여기까지 온 걸까.

[42] 제주4·3평화기념관의 전시실은 어둠이 에워싸고 있다. 여기, 하

눈 속의 모녀상, 〈비설〉 너머 제주4·3평화기념관이 보인다.

얇게 드러누워 있는 백비가 조용히 말을 건넨다. 발길을 멈추고 듣는다. "언젠가 이 비에 제주 4·3의 이름을 새기고 일으켜 세우리라." 그렇게 백비에 새겨져 있다. 특히 1992년 발굴된 다랑쉬굴의 참혹함을 그대로 재현해놓아 가슴에 애잔한 충격을 던진다. 아이도, 여인도, 노인도, 가혹한 죽음을 피할 수 없었던 시절. 토벌대가 굴속으로 불어넣은 연기에 질식해 손톱에 피흘리며 벽을 긁던 그들은 뼛골로나마 4·3평화기념관 전시실에 재현돼 다시 한 번 가혹했던 현장을 알리고 있다.

　야외 조각상 〈비설〉도 놓치지 말고 봐야 한다. 아이를 품에 안은 어머니를 보는 우리에게 아프지만 전해야 할 많은 이야기를 건네고 있다. 이제 우리는 여기서 환한 웃음이 보고 싶다. 가슴에 한 조각

정말 소중한 것이 무엇인지 안고 나왔다면 그것으로 족하다. 전시실은 캄캄한 동굴로 시작해 빛의 길로 마무리된다. 그리고 지금 여기, 4·3의 현재가 기다리고 있다.

★

기다리지 않아도 지상의 거죽을 뚫고 싹들은 피어난다. 기다리지 않
아도 봄바람은 칼바람을 밀어내며 제주 바다 먼 곳으로부터 너울져
온다. 영원처럼 길었던 절망 속에서도 그렇게 평화가 올 것이라 생
각했던 사람들에게 그렇게 평화는 오지 않았던 시절이 있었다. 이제
그해의 숲을 헤쳐 나온다.

　제주4·3연구소의 의뢰로 대중적인 《제주4·3》을 쓴 것이 8년 전.
이후, 학살에서 살아남은 이들을 더 만날 수 있었다. 생의 찬란한 시
절, 흑백사진 한 장 거둘 수 없이 떠난 젊은 남편을 평생 아릿하게
그리는 여인들, 꽃봉오리 애기무덤을 쓰다듬는 시린 상처를 대면해
야 했다. 열여섯 소년, 죄인 아닌 죄인으로 옥살이한 것도 모자라 연
좌제에 걸려 자식들의 생마저 걸림돌이 됐다고 자책하는 늙은 가장
의 생도 만났다. 뼈로도 돌아오지 못한 사람들을 그리는 이들, 후유
장애의 삶들, 국가 공권력이 저지른 무차별 학살의 희생자들이었다.
그 시절 이 섬에 살았다는 이유로 다시는 영영 봄날을 맞지 못한 사

람들이었다.

오로지 살고자 산으로만 다니다 보니 '산사람'이 되었다던 중산간 마을의 할머니도 세상을 떴다. 살기 위해 이 땅을 떠나 일본으로 향하던 이들, 그들은 떠나며 어떤 생각을 했을까. 캄캄하고 불안한 항로, 똑딱선을 타고 가며 얼마나 떨었는가. 쓰는 내내 그 시국을 살아내야 했던 그해의 눈빛들이 떠올랐다. 그럼에도, 4·3은 미래 세대, 후손들을 위한 희망이어야 한다며 힘겨운 기억을 꺼내는 사람들을 떠올렸다. 그들의 이야기를 더 담고 싶었다.

쓰는 내내 해결 못한 숙제처럼 그 이야기가 서성거렸다. 이것이 인간의 이야기인가. 수십 년 동안 슬픔을 슬픔이라 말하지도 못했던 그들의 입을 대신해 이러한 방식으로밖에 쓸 수 없었다. 이 광범위하고 거대한 비명을 어떻게 다 전할 수 있겠는가. 그러고도 남는 미진함, 나의 한계였다.

이 책이 나오기까지 이분들의 도움이 내게 큰 용기가 됐으며 책의 꼴을 빛낼 수 있었다. 한국 현대사의 대표적 학자이자 제주4·3 중앙위원인 서중석 성균관대 명예교수께서 과분한 추천사를 써주셨다. 강요배 화백께서는 글 이상의 4·3연작《동백꽃 지다》의 그림을 쓸 수 있도록 해주셨다. 〈제주4·3 진상 조사 보고서〉 집필에 참여했던 전 4·3중앙위원회 전문위원 김종민 씨가 꼼꼼하게 감수를 해주셨다. 깊은 감사를 올린다.

아직도 4·3이 무엇인지를 묻는 수많은 이들을 위한 새로운 대중

지은이의말

서가 필요하다며 오래 공을 들이고 기다려준 서해문집 김문정 편집장과 편집부에 고마움을 표한다.

무엇보다 이 작은 책을 이들에게 바친다. 죄 없이 죽어 혼백으로 떠돌고 있을 4·3 영령들께. 그리고 바친다. 열일곱에 4·3의 광풍을 몸으로 살아야 했던 고인이 된 나의 아버지와 당신들의 아버지께, 그 세월을 그렇게 지나야 했던 나의 어머니와 당신들의 어머니께. 아들을 잃고 콩밭으로 숨기만 했다던 나의 할머니와 당신들의 할머니께. 기어이 '사난 살앗주'로 통증을 축약한 생을 살아온 당신들께.
그러한 견딤이 바로 인생이었음을 늦게야 깨닫는다. 안다. 당신들의 기억이 바로 이 땅, 제주도의 지울 수 없는 지문임을.

제주4·3을 앞둔 봄날에

허 영 선